お母さんの
不安と悩みが解消

障がいのある子を育てるのが楽になる本

川岸恵子
特定非営利活動法人あかり代表理事

現代書林

はじめに

わが子に障がいがあることを知って、これまでに経験したことのない不安と絶望感の中にいる、若いお父さんとお母さん。自分たちに障がいのある子が授かるなんて、予想もしない出来事でしたね。

いまは混乱して、どのように育てればいいのかという迷いの中にいらっしゃるかもしれません。でも、これからこの子が与えてくれる大きな喜びも、数々の悩みも、いまから始まります。

どうぞこの子のせいで、私は不幸だと思わないでください。自分が生まれたために親を不幸にしたと思ったら、子どもは何よりもつらくて、自分を消してしまいたくなってしまいます。

障がいがあること、また障がい児を授かること、イコール不幸ではありません。他の人とは少し違った人生になるかもしれませんが、人として生きるために大切なことをたくさん学ぶことのできる人生になるはずです。

まず、第一歩として、わが子の障がいをよく知りましょう。

障がいのある子どもも、心は他の子どもと何も違いはありません。でも感じ方や体の反応などで、思いもよらない不自由さを感じていたり、誰でもごく自然にできることが苦手であったりします。

しかもそれは、本人の努力で改善したり、我慢して克服できるというものではありません。

だからこそ親は、子どもがどんな困難さを抱えているのかを知ることが大切です。その障がいの特徴をしっかり確認して何が苦手なのか、どんなことに苦しみを感じるのかを知ってください。

そのことを知ったうえで、子どもがこれからひとりの人として生きていく人生を共にする決心をしてください。そしてどんなときも、子どもの一番の応援者になってください。

障がいがあることは、決して恥ずかしいことではありません。人として劣ることでもありません。

人の価値はどの人も同じです。

あなたのお子さんは、奇跡の命をもってあなたのもとにやってきました。大切な、大切な、ただひとりの人なのです。

もしかしたら、あなたのお子さんは、重い障がいのために、ものを見ることも、口から食べものを食べることもできない状態かもしれません。そんなわが子を見ることは本当につらいことですね。

でもこの子は「生きる」ことを自分で選んで、この世に誕生してくれました。あなたたちの子どもになりたいとやってきたのだと思います。

そして自分に起きるすべての出来事を受け入れていまを生きているのです。

その偉大さに敬意をもって育てていきましょう。

障がいのある子が生まれるということは、誰のせいでもありません。

もちろん親のせいではありません。
いつの時代にも生まれてくる赤ちゃんの中に一定の割合で、必ず障がいのある子が生まれてきています。人として大切なことや、やさしさを教えるために生まれてくるのではないかと私は思っています。

2006年に誕生した「特定非営利活動法人あかり」が障がい児・者の福祉サービスを始めて13年の月日が経ちました。

障がいのある人たちが、生涯を通してずっと地域で暮らし続けるために必要なことを整えていきたい、と考えて活動をしてきました。続けるほどに、必要なことが次々と見えてきます。

「こうであったらいいのに」「こんなことができたら彼らはもっと幸せになるのに」など、気づくことがいっぱいあります。

気づいた人には行動する義務があると思っているので、事業の展開が早くなりました。
13年の間に児童発達支援センター3施設・放課後等デイサービス12施設・多機能型就労施設3施設・自立支援事業所1施設・余暇支援事業所3施設・相談支援事業所1施設・療育センター1施設など、幼児から小学生・中学生・高校生、そして高校卒業後の学びの場や働く場と、ずいぶんと多くの施設を運営することになりました。

職員も350名を超える大所帯となりました。すべての職員は障がいのある子どもたちそして大人たちもすべての人が成長することを信じてかかわり、その一人ひとりの成長をともに喜んでくれる仲間です。

いつも障がいのある彼らから多くのことを学ばせてもらっています。

障がいのある人が幸せに暮らすことのできる社会は、争いがなく、どの人も安心して暮らせる社会です。ですから「あかりの職員」は障がい児・者福祉から平和な社会を目指す平和活動をしていると考えています。

「毎日、小さな奇跡が起きています」というのは職員の言葉です。

少しも座っていられないという子が通園2日目から座ってお話を聞けるようになった。

ひとり遊びしかしない子がお友達と遊べるようになった。

意思表示のなかった子が積極的に自分から課題をやりたいと手を挙げるようになった。

初めて来た日にトイレでおしっこができた。

笑わない子がたくさん笑顔を見せてくれるようになった。

言葉を一言も話さなかった子が、上手にサインを出したり、お話しするようになった。

歩くのは無理と判断された子が歩けるようになった。

働く力はないと判断された方がしっかりと仕事のできる人になった。

一般就労は難しいといわれた方が就労した。

などなど、たくさんの成長の喜びや感激を職員一同で味わわせていただいています。

人の喜びを自分の喜びとして感じることができる。これこそが人が人として生きる最高の幸せです。この喜びをくれる彼らにはいつも感謝の気持ちでいっぱいです。

どんな障がいがあっても人は成長することを固く信じてかかわってきた、この日々の積み重ねは、たくさんの奇跡を起こしてくれています。

私がこの本に書いたことは、すべて「あかり」を利用してくれている子どもたちから教えてもらったこと。そして23歳で天国へ旅立ってしまった長男、千晃を育てて学んだことです。

時代は変化しても、私が長男を授かったときと同じように、障がい児を授かってつらい気持ちで過ごしているお父さんやお母さんが孤立せず、安心して子育てができるためのお手伝いをさせてもらいたい。

そして障がい児・者の福祉にかかわる方の少しでもお役に立つことを願って本書は書き進めました。

この本を読んでくださった障がいのある子どもを育てている方、また障がい児・者にかかわる方の勇気と支えになれば何よりの喜びです。

２０１９年５月

川岸恵子

※本書は２０１１年に刊行した『「障がいをもつ子の育て方」がよくわかる本』の改訂新版です。

目次

PART 3

知っておきたい「困ったとき」の対処法

PART 4
就学準備と小学校生活のアドバイス

PART 5

中学校生活・高校生活・社会参加・自立のアドバイス

PART 6

子育ての悩みが、わが子と生きる喜びに変わるアドバイス

PART 1

障がいのある子と「向き合うこと」からすべてが始まる

人生で大切なことは「障がいのあるわが子」から学んだ

私が障がいのある子と初めて出会ったのは、22歳とちょうど10日目。わが子としてやってきてくれた千晃でした。

それまでの私は、障がいのある人について何も知りませんでした。過ごしてきた人生の中でも、知る機会もありませんでした。ただ平凡に生きてきて、自分が何に向かって生きているのかもわからず、これまで何のために生きてきたのかについても、考えたこともありませんでした。

そんなこともあって、結婚をして子どもを授かったものの、母親になる自覚を欠いたままの出産だったのです。

千晃は難産で、お腹にいる間に胎盤が外れてしまう早期胎盤剥離という状態での出産でした。「このままでは、赤ちゃんの命にも母体にも危険がある」との医師の判断で、強い吸引で赤ちゃんを引き出すという、思ってもみない事態になったのです。

産声もあげず、チアノーゼで全身は紫色。

おでこの突き出た赤ちゃんの誕生でした。体は大きいけれどしわしわです。裸のままで保育器の中に入っている姿は、とてもかわいいとは言えない赤ちゃんでした。

同じ病室では、お母さんになったばかりの人たちが、赤ちゃん誕生の喜びで沸いていました。私はその様子を見るのがつらくて、カーテンを閉めきったベッドの上で涙を流してばかりでした。

千晃は見るからに他の子と違い元気がなく、口から母乳もミルクも飲むことができません。鼻に入れた管からミルクを入れなければ、命をつなぐことさえできない。

そんな子どもが私の赤ちゃんだなんて、とても信じられないことでした。

夢であってほしい。

何かの間違いであってほしい。

普通の赤ちゃんにしてほしいと願いました。


3週間の入院の間に、千晃は哺乳瓶からミルクを飲むことができるようになり、退院とともに私の手元にやってきました。

障がいの知識もなく、初めての子で、子育てについてもわからないことばかりだった私は、そのときはこの子に障がいがあるとは思っていませんでした。

突き出たおでこにしても「形だけのことだから大丈夫」と、生まれた病院の、脳外科の先生には言っていただいていました。動くものを目で追わないので気になったことがあったのですが、小児科の乳児検診では「気のせいでしょう」

とのことでした。突き出たおでこと反応の弱さは気になっていたもののお医者さんの言葉を信じ、そのうち他の子と同じになるとしか思っていませんでした。

しばらく経ったときのことです。風邪でかかった病院の先生に、大きな病院で千晃を診てもらってはと勧められたのです。千晃の成長については、もともと気になっていたので、何か所かの病院を訪ね歩きました。

1か所めの病院では、たくさんの検査の後「脳性麻痺」との診断をされ、「大切に育ててください」とだけ指導されて帰されました。

2か所めの病院では「水頭症」と診断されました。頭に注射器を刺して、頭の中の水を抜くという治療を入院して行いました。時間をかけ検査を繰り返し、つらい治療をたくさん受けましたが、芳しい効果は表れませんでした。

そして3か所めの病院で「三角頭蓋《さんかくずがい》」という病名を知る脳外科のお医者さんと出会ったのです。

脳の前頭葉は生後3か月の間に急速に成長します。しかし狭まったおでこで成長できずにいると、子どもは障がいをもつことになるとそのお医者さんに知らされたのです。

そのとき、息子は4か月になっていました。

生後4か月を過ぎた息子には、もう前頭葉を広げる手術をしても手遅れである。あまりにも残酷な告知でした。やっぱりこの突き出たおでこが原因だったのです。

「これまでの病院はなぜ、こんな大きな症状を見落としたのか！」

医療機関に対する大きな不信感を抱くと同時に、なぜもっと早く気づいてやれなかったのだろうと、自分の未熟さを責めました。しかしもう取り返しはつきません。本当につらい告知でした。

少しだけでも発達するのではないかとの期待も込めて、生後8か月におでこの骨を外して左右を入れ替えるという6時間に及ぶ大手術を行いました。しかし大きな効果が見られることはなく、私は障がいのある子の母となりました。

身体的にも、知的にも、目にも、耳にも、数々の不自由を抱えてしまった長男ですが、天使のように素晴らしい笑顔をもっていました。その笑顔は私の生きる支えとなり、共に生きていこうという決心を私にさせてくれたのです。

彼が生きていく人生の中では、その後も何度となく入院や手術を繰り返しました。

子どものころは滲出性中耳炎を繰り返し、そのたびに全身麻酔で手術。アデノイドの肥大になってはまた手術。青年期に入ってからのてんかん発作で緊急入院することもありました。

中学2年生からは口の中にのう胞ができる基底細胞母斑症候群という難病にかかり、手術を繰り返す中で、14本の歯を失うということもありました。本当に多くの苦難が次々と彼を襲いました。

しかし彼は苦しいとか、痛いとか、いやだと口にすることは一度もありませんでした。私には自分に与えられることを、淡々と受け入れているように見えました。

いつも笑顔を絶やさず、人を責めることを知らず生きている息子でした。彼の笑顔にいつも私は力づけられていました。

彼が生きる場所をよりよい環境にするために、障がい者に対する、周りの人の理解を進めること。そして彼が生きる場所を自ら求め、創りだしていくこと、それが私の生きる方向なのだ。彼の背中を見ながら、私はそんな風に考えるようになってきたのです。

そして私の人生は、彼の人生と共に歩んでいくと思っていたのです。
しかし突然くも膜下出血が彼を襲い、23歳と6か月で旅立っていってしまいました。悲しみも、苦しみも、すべてを受け入れてきた息子は、死をも静かに受け入れたのでした。

私にとって彼を失うことは、自分の体の一部を奪われたような喪失感でした。彼の人生の中で必要なことをやっていくことが、自分の人生の役割であり、生きる目的でしたから、すべてが閉ざされてしまったようでした。

空っぽになった私は、福祉の分野にかかわることはもうやめてしまおう、そう考えました。もし私が障がいのある子をもたなかったら、歩むだろうと思われる道に進んでみたいとも考えていたのです。
しかし私の中にあるもの、残されているものはこの23年間に彼を育てながら感じたこと、学んできたことしかありませんでした。

人として生きるための大切なことは、すべて彼から学んだ。そのことに改めて気がついたのです。

誰よりも目的をもって充実した生きかたを教えてくれた息子に感謝しながら、いま私にできることをやっていく。

現在つらい思いをしている障がいのある子どもたちとその親御さんが、そしてこれからこの世に生を受けてやってくる心豊かな障がいのある子どもたちが、少しでも楽に暮らして、あたたかなまなざしの中で生きていけるための環境をつくっていくために、自分に残された時間を送っていきたい。

いつの日にか「お母さんよくがんばったね」と、彼にほめてもらえることを楽しみにして、私のこれからを費やしていこうと思っています。

すべてを受け入れることで、喜びが生まれる

障がいのある子どもの親となった人には、やるべきことがたくさんあります。子どもの命を守るために、医療機関とのやり取りが必要な時期もあるでしょう。身体等の訓練に通う時期もあるかもしれません。

そういうことが少し落ち着いてきた方、あるいは必要がなかった方は、自分の住む地域を見渡してみてください。

この子の生きる地域はやさしい街だろうかと。

障がいのある人に対する福祉はどうなっているだろうか。幼児期に通う早期療育の施設はあるのだろうか。内容はどうだろうか。学齢期になったら、地域の学校の受け入れはどうなっているのだろうか。特別支援学校はどこにあるの

だろうか。青年期の活動の場はあるのだろうか。障がいのある人の、働く環境はどのようになっているのかなど、興味をもって情報を集めておきましょう。

そしてわが子が大きくなったときに、どこでどのように暮らしていってほしいか。そのとき何が必要なのか。自分からは語らないわが子のために考えて、生きていくところを福祉に厚い地域にいまから少しずつでも変えていきましょう。

それはわが子のためであり、自分自身のためであり、どの人にとっても生きやすくやさしい社会を創っていくことになります。これこそ本来人が目指すべき社会であり、生きかただと思います。

目指すべき目標を、はっきりと見せてくれる障がいのある子どもに感謝して、多くを学ぼうとする親は、誰よりも豊かな人生を送ることができます。だから障がいのある子をもったということは、とても価値あることだと思うのです。

いま悩み、苦しんでいる皆さんに一日も早く明るく前向きに、子育てをしていただきたいと思っています。

そのコツはひとつです。


目の前にいるわが子を丸ごと受け入れることです。

障がいの部分も含めてすべてを受け入れてください。

障がいのある子の親となった、自分自身も受け入れましょう。そこからすべてが始まります。

なぜ自分だけがこんなことになるのかとか、子どもを何とか健常児に追いつかせようとか、目の前の現実を受け入れることができない間は、苦しみが続きます。

しかし、いったん受け入れることができたら、目の前にある喜びに気づくことができます。

受け入れたら子どものことは、周りの誰にでも話して知ってもらいましょう。子どものことを隠したりごまかしたりすることは、子どもを認めていないことです。自ら差別をすることです。

人は皆やさしいです。

隠せば知らない振りをしてくれますし、ごまかせばかかわらないようにしてくれます。

きちんと子どもの状態を話しておけば、困ったとき助けてもくれますし、あたたかいまなざしで、見守ってくれる協力者になってくれます。こうして協力者を増やしておくことこそ、子どもが成長してから暮らしやすい地域づくりの基盤となるのです。

私は、23年間障がいのある長男を育てて、人が生きるために大切なことのすべてをその中で学んできました。そして23歳で、その子を亡くしたとき、「障が

いなんて命の重さから考えたらほんの些細なこと」と知りました。

「生きている」その素晴らしさをもっと感じてほしいと思います。

私を含めていまを生きている人は、一日一日を、その瞬間瞬間を、輝いて生きなくては命に対して申し訳がありません。それは、障がいがあるなしにかかわらず。障がいのある子を育てているかどうかも関係なく。

それは命あるすべての人に課せられたことなのです。

輝く命にあふれたわが子と共に生きる幸せを、一日も早く感じてもらいたいと思います。

乗り越える力を伸ばすのが、「障がいのある子」の母親の役目

わが子に障がいがあることを診断されたとき「そんなはずはない」と目の前が真っ暗になり、取り乱して、否定したい思いでいっぱいになるお母さんがいらっしゃいます。

その一方で、いままでわが子の行動が理解できなかったお母さんの中には、理由がわかってほっとする方もいらっしゃいます。

自分の育て方のまずさが、子どもの落ち着きのなさを生んでいるのではないか、子どもの言葉が出ないのは私のせいではないか、と悩んでいた心が楽になるからです。

いずれにしても障がいは、その子のすべてではありません。障がい名もその子を表すものではありません。

障がいの前にひとりの子どもです。

でも障がいがあるということは、できるだけ早く認めましょう。否定している間は、子どもと正面から向き合うことができません。「認める」。そこから一歩前に進むことができます。

障がいがわかったら、子どもの障がいをよく知りましょう。

この子が生きていくうえで障がいがあるために絶対にできないこともあるかもしれませんが、日々の生活の中で克服できることもあります。ひょっとすると、他の人よりも可能性が広がる部分もあるかもしれません。

母親は、そんなわが子のことをよく知る必要があります。というのも障がいのある子どもは健常の子とは異なる成長過程をたどることになるからです。

そして生まれつきもっている障がいの特性は、その生涯を通して消えることはないということは忘れないでください。障がいはなくなることはないのです。

しかし成長とともに少しずつ克服できることもたくさんあります。

障がいと上手につきあいながら、この子の困難とするところを減らしていく子育てをしていきましょう。

「障がいがあっても、幸せに生き切る」

これが目標です。

身体や知的に、またはコミュニケーションに、困難があって成長が遅れている子。もしかしたら5歳でも、知的の判定は1歳かもしれません。

でもその子どもは、1歳の赤ちゃんではありません。

知的のレベルが1歳でも、生きてきた経験年齢は5歳です。心はちゃんと5歳になっているのです。ですから赤ちゃんのように、子どもを扱ってはいけません。

「あかり」の児童発達支援センターに「赤ちゃんのまま」で過ごしていたお子

さんが来ることがあります。

３歳なのに哺乳瓶でミルクを飲み、食事も自分の手で食べることなく口を開けるだけ。歩けるけれどいやがって泣いてしまうという理由で、ほとんど抱っこされていて、歩くことがない。

何もしゃべらないから、何もできないから、「赤ちゃんだ」ということなのでしょうか。

大切にするあまり、守りすぎているのです。

これでは、子どもの「成長したい」という要求を、満たしてあげることはできません。子どもの心は、どんなに障がいがあっても成長したい、発達したいという要求にあふれています。大人は、その気持ちを大切にしなければいけません。

「赤ちゃんのまま」で私たちのところにきた子も、毎日通って来て、その発達ニーズに即したプログラムで過ごしているうちに、赤ちゃんの顔から幼児の顔へ変わってきます。

そして、親から離れ自分の世界が広がり、できることがどんどん増えていくと、心からのかわいい満足した笑顔がたくさん見られるようになってきます。

いまこの子にすべきかかわりを間違えないようにすることが、何よりも大切なことと考えます。それをぜひ見極めて過ごしてください。

障がいのあることでかわいそうだからと、何でも思い通りにしてあげることは、その子が何に対しても我慢のできない人になるということです。

障がいがあるから何でもしてあげるというのは、何もできない人にしてしまうということです。

困難はあっても、それを乗り越える力のある人間に育てましょう。障がいがあって生きていくのは、あなたではなく子どもなのですから。

障がいがあっても大切なことは大切。

いけないことはいけないと、しっかり教えてあげてください。

それが障がいがあっても、地域で暮らし続けることのできる人になるということです。

この子より一日でも長く生きて、この子の世話をしなくてはならないというお母さんに何人も出会いますが、これは親の自分勝手な思い込みです。

子どもは、生涯親の世話になりたいと思ってはいません。

どの子も、どんな障がいがあっても、親から自立して自分らしく生きていきたいと考えるのは、障がいのない人と同じです。いつか自分から離れることを考えて育てていきましょう。

母親を包み込むのが、「障がいのある子」の父親の役目

子どもに障がいがあることで、ショックを受けつらい思いをするのは、母親も父親も同じです。しかし、一緒にいる時間が長い母親に比べると、父親のほうにわが子の障がいをなかなか認められない人が多いように感じます。

その結果「そのうち他の子と同じになる」とか「厳しくしつけをすればわかるようになる」など、自分の判断で子どもとかかわってしまうお父さんもいるようです。

お父さんもお子さんの姿をしっかり見て、その子を受け入れてください。そして、障がいについて学んでください。それでないとお母さんは、子育てが苦しくなってしまいます。

毎日障がいのある子と、子どもの障がいと向き合っているのはお母さんです。

一日中がんばっているお母さんをほめてあげてください。

お母さんの今日病院へ行って大変だった話や、他の子の早い成長を目にしてつらく感じてしまったこと、子どもと一緒に泣いてしまったことなどに耳をかたむけてください。

お父さんに聞いてもらって「よくがんばったね」「ありがとう」と言ってもらえたら、また明日のがんばる力になります。

「もっとがんばれ」「〇〇したほうが良かったんじゃないか」と言われるのは、お母さんの行動を否定されているようでつらくなります。お母さんを包み込む気持ちで聞いてあげてください。

そして、お父さんがお休みのときには、お父さんならではの体を使った遊びをお子さんといっぱいしてください。家族の時間を楽しんでくれたらお母さんの心の重荷が少し軽くなります。

そしてお母さんに、ひとときの自由な時間をプレゼントしてあげてください。お父さんの大きな愛と支えがあればこそ、お母さんも子どもも明るく前向きに過ごすことができるのです。

お父さんも、子どものこと、障がいのことを隠さないでください。いつも子どもと一緒にいないお父さんは、自分から話さなければ障がいのある子の父であることは職場の人などに知られないかもしれません。

でも人に知らせるところから、自分自身の障がいに対する受け入れもできてくるのです。そして多くの人に障がい者について知ってもらい、理解する人を増やしていくことが、障がい児の父として大切な姿勢だと思うのです。

気持ちを表現できない苦しみをわかってあげよう

自閉症の障がいがあり、コミュニケーションに困難を抱えた青年、東田直樹さん。文字というコミュニケーションの手段を獲得し、自分の状態やその美しい心でつくった詩を本にして発表しています。

テレビで紹介されているので知っている方も多いかと思いますが、彼は、お母さんの熱心なかかわりで、文字による表現を身につけることができました。

テレビに映った彼の様子は、とび跳ねたり、手をパンパンとたたいたり、大きな声をあげてしまったりと、自閉症の特徴を表しています。

そんな彼ですが、実は心の中では自分の行動を客観的に見ています。

パニックになって大声を出していることが恥ずかしくて、誰かに止めてほしいと思っている。そんな状態でも、無視されるのは悲しいと感じていたりと、周りの人の目に映る彼の行動からは想像できないくらい冷静です。

彼がこのように自分の内面を文字で表してくれなければ、何もわからない人、ただ暴れてしまう人と周りは思ってしまうことでしょう。自閉症でコミュニケーション手段のない人は、いつもこのような誤解の中に置かれているのです。

すべての障がいのある人は、わかっているのです。

ただ、それを表現する手だてをもっていないだけなのです。ですからその苦しさを共感して、その子にあった表現方法を一緒に探していきましょう。

ダウン症の青年で、親指と人差し指でOKサインを出してくれる人がいました。いいときはOKを、だめなときは×のサインを出してくれます。それだけでも彼の気持ちがわかり、会話が成り立つのです。

お茶を飲みますか。ＯＫサイン。
トイレに行きますか。×サイン。

これだけで無理やりお茶を勧めたり、何度もトイレに誘ったりしないで済みます。

イエスとノーが言えることはとても重要なことです。
その人に適したコミュニケーションツールをもっていれば、人とつながることが容易になります。それでもうまく表現できない彼らに、親は子どもの心の苦しさを代弁する言葉を愛情と共に投げかけてください。

「つらいことがあったんだね」

「泣きたいときはいっぱい泣いていいんだよ」

「我慢できるなんて偉いね」

伝わらなくて悲しい自分の思いをわかってくれるお父さんやお母さんがいる。「自分はわかってもらえている」と感じるだけで、その子のもつ重荷は、ずっと軽くなるのです。


障がいのある子の困った行動は、周りを困らせようとしているからではありません。

その姿は子ども自身が困り果てて悲しむつらい姿なのです。困っている子なのです。そして絶対に気をつけていただきたいことがあります。

本人の前で本人の負荷になる言葉を言わないということです。

「今日おもらししちゃったのよ」とか「〇〇もできない」「パニックを起こした。

困ったな」などと言わないでください。

そのような心ない言葉を思わず本人の前で言ってしまっていませんか？

それが彼らの繊細な心を傷つけて、自信をなくさせ人とのかかわりを避ける原因となっていると思うのです。

もし、連絡などで子どもの前で誰かに伝えなければならない場合は、本人にはわからないような話し方を心がけたいものです。その気遣いが、受けなくてもよい心の痛手から子どもを守ってくれるのです。

「わかっていない子」

「何を言われても平気な子」

ではありません。

やさしく、多感な子だということを決して忘れないでください。

人として生まれ
人として生きている
それは奇跡のように輝いている
障がいがあることなんて
生きていることから思うと
芥子粒のように小さい出来事です

PART 2

わが子の障がいをわかってあげよう

発達障がいとは何か？

ひとくちに障がいがあるといってもさまざまです。

身体に障がいがあるといっても、手足に麻痺がある人、欠損のある人、筋力が弱い人、視覚や聴覚に障がいのある人、機能の不全だったり、内臓に障がいがあって動きに制約のある人もいます。

発達の障がいを分類すると、知的障がい・自閉スペクトラム症（ＡＳＤ）・学習障がい（ＬＤ）・注意欠陥多動性障がい（ＡＤＨＤ）などがありますが、発達の障がいは、人それぞれにいろいろな障がいが重なりあっています。

ですからその症状は一人ひとり違い「自閉症だから」「ＡＤＨＤだから」とはっきり区別することはできません。

そして、その状態は人それぞれの成長の過程で変化していきます。

ですからひとりとして同じ障がい児・者はいないのです。その障がいの特徴は知りつつも、個性豊かな彼らのあるがままを受け入れて、共に生きていきましょう。

この子たちは自分から人に合わせることがとても困難です。

私たちが彼らを理解し、彼らに合わせていくことのほうが何百倍も楽なことなのです。

そして私たちが合わせて過ごすことで彼らの生活はとても楽になります。同時に、私たちも子どもをいとおしく大切な存在として感じ、多くを学ぶことになるでしょう。

いまいわれている発達障がいの特質を記してみます。

知的障がい

ＩＱがおよそ70以下を基準としています（２００２年アメリカ精神遅滞学会では、ＩＱを判定要因から外しています）。18歳未満に発症した、コミュニケーション・身辺処理・家庭生活・社会的スキル・健康と安全・学業・余暇・労働などで、知的機能が劣るために制約を受けている状態をいいます。

自閉スペクトラム症（ＡＳＤ）

自閉スペクトラム症の特徴とは次の通りです。

1　人とのかかわり方が独特で、社会性の発達が悪い。

2　コミュニケーションをとるのが苦手。

3　興味活動が限られ強いこだわりがあり、反復的な行動がみられることがある。

4　想像力（さまざまな情報から推測すること）に困難がある。

5　見通しがもちにくく、急な変更が苦手

この中で言葉に遅れがない場合を、アスペルガー症候群といいます。しかし言葉を使うといっても、その理解や使い方が適切でないことも多くあります。

学習障がい（LD）

知的な遅れはないのに、聞く・話す・読む・計算する・推論するなどの習得に、著しく困難を抱えている状態のことをいいます。

文字はわかるのに内容を読み取れないなどと、認知機能に大きな歪みをもっています。

あるお母さんが、うちの子はお腹の中に数字を置いてきてしまったと表現したことがあります。

認知の一部分の穴が、埋めても埋めても埋まらないという感じなのでしょう。

努力すればいいとか練習を重ねれば克服できるものではないのです。

注意欠陥多動性障がい（ADHD）

不注意・多動性・衝動性をもつ状態をいいます。

ひとつの遊びに集中できない。

やるべきことが持続できない。

順番を待てない。

考える前に実行してしまう。

機械のように動き回る。

じっと座っていられず立ったり、足をバタつかせたりする。

おしゃべりばかりする。
気が散りやすく、忘れ物が多い。
ルールが守れない。
などの特性があります。

奇異に映る行動にも理由がある

発達障がいのある子どもたちは、私たちから見ると奇異に映る行動をとるときがあります。

寒くても裸や裸足で過ごしている。水が大好きで水道で水を触ってばかりいる。急に泣きだして止まらない……などなど、不思議な行動と思われることがあります。

親もわけがわからずにその行動を止めさせたくて、ただやみくもに怒ってしまうことはありませんか。この子はこれが好きなのだから、好きなことをさせておけばいいと、あきらめてしまっていませんか。

子どもたちは、やりたいからやっているわけではなく、やりたくなくてもやらずにいられない理由があるのです。

洋服や靴下を履かないのは、その感触がいやでたまらないのかもしれません。水に触りたいのは、体温の調節が下手で、体に熱をもっているのかもしれません。泣いているのは、1週間前のいやなことを思い出してしまったのかもしれません。

奇異に映る行動には、しなければいられない理由があるのです。決して好きだからではないのです。その行動の理由を知れば彼らへの理解が深まり、困った行動から良い行動へと彼らを導くことができます。

彼らとかかわるものとして知っておきたいひとつに「感覚統合」の障がいがあります(詳しくは72ページ参照)。これを知るだけでちょっと彼らに近づきます。

わが子についての専門家は、お医者さんではなく親御さんです

障がいのある子が生まれると、いろいろな場面でお医者さんを頼ることが多くなります。何とか障がいを治したい、少しでも健常児に近づけたいと思うのが親の正直な気持ちではないでしょうか。

でも残念ですが、現在の医療では障がいそのものを治すことはできません。とても使いづらい状態にある身体の一部を改善したり、命を守るための手段として手術をするケースはあります。しかし、医療ですべてを健常な状態にはできません。

私たちにも多様な個性があるように、障がいもその人に与えられたものなのです。お医者さんの力で治療できる部分は、ほんの少しです。

私が長男を育てているとき「アルツハイマーの薬が知的障がいに効果がある」という記事が新聞で紹介されたことがありました。

その薬を使えば、子どもは健常に近づいていくのではないか。そんな想像に駆り立てられて、居ても立ってもいられなくなった私は、記事で紹介されていた病院に薬のことを問い合わせて、子どもにその薬を与えた時期がありました。

しかし後になってその薬は、腎臓に負担がかかるということを知りました。そして、体に負担をかけて知的な部分を改善させるのに、意味はあるのだろうかという疑問につきあたりました。

考えた末に、薬を飲ませることはやめることにしました。「この子はこの子のままで大切な存在である」ことを忘れた出来事でした。

この気づきは障がい児の母としての根幹だと、いまも感じています。

障がいは病気ではないので、お医者さんの力では治りません。発達外来など、発達についての相談以外のお医者さんは、目や耳や脳外科などそれぞれの分野の専門医です。その分野では専門家ですが、障がいのある子の成長や療育の専門家ではありません。

小児科のお医者さんも子どもの病気の専門家であって、障がいのある子について詳しい方は少数です。まれな障がいであればあるほど、お医者さんは無力です。

子どもについて一番の専門家は、お母さんとお父さんなのです。

3歳のJ君は気管切開をしているお子さんです。

お医者さんからは、誤飲の可能性があるので経管での食事を勧められていました。でもお母さんの「この子は大丈夫」という思いと、本人の「口から食べたい」という強い意志で、少しずつ口から食べ物をとり始めました。

お医者さんが反対していたので、不安もあったことでしょうが、どんどんと食べることが上手になり、いまではほとんどのものを自分で食べることができています。

しっかり食べることで体も成長して、歩行も安定してきました。

そのせいかもしれませんが、自信のある笑顔がたくさん出てきました。物事の理解力も増し毎日を意欲的に生活しています。

お医者さんの言う通りに経管栄養で過ごしていては、歩行もままならなかったでしょうし、このパワフルなＪ君の現在の姿は、見ることはできなかったと思います。

Ｊ君に対しては、お母さんがお医者さんよりも専門家だったということです。この例は特別かもしれません。ただ、お医者さんの意見を聞くことは大切ですが、決めるのは本人と親であることを忘れないでください。

行政の力をうまく借りよう

子どもに何も問題がなければ、行政とかかわることはあまりありません。しかし障がいがあると、役所とのかかわりが何かと多くなります。

まずは障がい者手帳の申請です。

別にそんなものはいらない、自分たちの子は自分たちの責任で育てると考えていらっしゃるかもしれません。

でも障がいを丸ごと認めて、税金の控除や障がい児手当をもらって、その子の生活が充実するように使うほうがいいと思います。

私が手当をいただいているときは、子どもに対しての手当なのだから、仕事をしているつもりで、子どもとたくさんかかわろうと考えていました。そして、地域福祉を向上させる活動をしてお返しをしていこうと思っていました。

地域福祉に貢献する仕事をしてお給料をもらっていると思ったら、自分と社会とのつながりも強く感じることができます。

また電車代や高速道路代が安くなるという利点もあります。子どもの経験を増やすために活用すればいいと思います。手続きはお住まいの役所の福祉課などです。

また、福祉サービスを活用して、子どもの経験を増やしたいなどの希望があるときも、同じ役所の窓口に行くことになります。


これからお子さんが地域の中で成長するにあたって、必ずいろいろな支援を受けて生きていくことになります。

家族がすべてを担って生きていくことはできないし、できていたとしてもその時期はとても短い時間です。

そして家族の中だけで過ごすことを望む子どもはいません。どんなに重い障がいがあっても、人とかかわりたい、社会とつながりたいという思いは、誰の中にも成長とともに湧き上がるものなのです。

子どもが小さいうちから福祉サービスを使うことは、早くから子どもが対人関係を学び、多くのことを経験する機会になります。そして親もこの国の障がい者福祉を知ることになるのです。

知って使って、もしもサービスが使いづらいことなどがあれば、そのことを行政に伝える。

どのようにしてほしいかを子どもの立場で訴えていくことが、子どもが大きくなったときに、障がいがあっても暮らしていける「やさしい街づくり」の基礎となります。

役所は行きにくいなどと思わずに、まずは、福祉課の窓口に行ってみましょう。

子どもも連れて行き、子どものこともよく知ってもらいましょう。長いつきあいになりますから、窓口の人と仲良くなっておくと、急な困り事にも対応してもらいやすくなります。


次のページに障がい者手帳の取り方と障がい者手帳があると受けられるサービスなどを表にまとめましたので、ご参考にしていただけると幸いです。

各種申請等はお住まいの役所にお尋ねください。また、各都道府県や市町村独自のサービスもありますので、役所で聞いてみてください。サービスを上手に利用して、子どもの日々の生活の幅を広げましょう。

障がい者手帳の取り方

身体障がい者手帳（身体に障がいのある方）

・指定医師の診断書をもって役所に申請
（指定医は役所に確認してください）

療育手帳（知的に障がいのある方）

・役所に申請をして管轄の児童相談所の心理判定を受けて決定

障がい者手帳があると受けられるサービス

税金の控除

・所得税、市県民税の障がい者控除
・自動車税、自動車取得税の減免

障がい者手当

・特別児童扶養手当
・在宅重度心身障がい者手当
・障がい児福祉手当

公共交通料金の割引

- JR等の旅客運賃の割引※1
- 有料道路通行料の割引
- タクシー料金の助成またはガソリン代の補助
- 国内航空運賃の割引

福祉サービスの利用 ※2

- 居宅介護、行動援護
- 児童発達支援事業
- 放課後等デイサービス
- 保育所等訪問支援
- 就労継続支援A型
- 就労継続支援B型
- 就労移行支援
- 自立訓練
- 生活介護
- 短期入所
- 施設入所

（下線は「あかり」で行っている事業です）

地域支援サービスの利用

- 移動支援
- 日中一時支援など

その他のサービス

- 公共施設の使用料や入場料の減免

・駐車禁止適用除外の指定（駐車禁止の場所に駐車することができます。手続きは警察で）
・NHK受信料の減免
・心身障がい者扶養共済制度への加入※3
・重度心身障がい者居室整備の貸付※4
・携帯電話料金の割引

障がい者基礎年金

20歳になると保険料の納付にかかわらず、障がい者基礎年金を受給することができます。指定医の診断書をもって役所の年金課で手続きが必要です。どこからも連絡は来ないので、20歳になったら忘れずに手続きをしましょう。

生活に関する相談窓口

児童相談所（18歳以下）

子どもの発達に関する悩み・子育ての悩み・家庭での介助の相談・治療訓練の場所の相談など、子どものこと全般で相談できます。

障がい者生活支援センター

　障がいのある方の暮らしの相談窓口です。仕事や福祉サービスの相談、わからないこと、困ったことを一緒に考えてくれます。

市町村社会福祉協議会

　障がい者の在宅生活を支援するため、さまざまな福祉サービスを行っています。それぞれの福祉ニーズに応えるため、地域の特性を踏まえ創意工夫を凝らした独自の事業に取り組んでいます。

※ 1 障がいのある人とその介助者が半額になります。自動券売機で子ども用の切符を購入して、駅員さんのいる改札で障がい者手帳と一緒に提示して、構内に入ります（鉄道会社によって違いがあるかもしれません）。
※ 2 これらのサービスを扱っている事業者は、お住まいの役所の福祉課やインターネットで調べることができます。インターネットで調べるときは、WAMNET（http：//www.wam.go.jp/）が便利です。サービスの利用は事業者に出向いて、サービスの使い方を詳しく聞きましょう。それから役所で必要なサービスの申請をしてください。
※ 3 心身障がい者を扶養する保護者の方が、毎月一定の掛け金を納め、保護者の方が死亡または重度の障がいを負った場合、障がい者に終身一定金額の年金が支払われる制度です。
※ 4 居室の増改築また車イス専用居宅を新築するのに必要な資金の貸し付けを受けることができます。

やさしい微笑み　やさしい言葉　やさしいまなざし
届けてごらん
ぼくらの求めるものが　きっとそこにある
幸せはすべて　そこからはじまる

やさしい微笑みが　さびしい心にあかりをともし
やさしい言葉が　疲れた人の心をいやし
やさしいまなざしが　誰かの笑顔になる

PART
3

知っておきたい「困ったとき」の対処法

子どもは「感覚の困難」に苦しんでいる

人の感覚とは、普通「五感」と呼ばれている視覚・聴覚・触覚・味覚・嗅覚ですが、これ以外にも身体の動きを感じる前庭感覚、筋肉の状態を感じる固有感覚、体温を感じる温冷感覚があります。

これらの素晴らしい感覚があることで、私たちは不便なく生活することができています。

前庭感覚は自分の身体の動きを感じ、その動きに適応したバランスをとるための感覚です。またその動きに合わせて視線を動かし、的確な視野でものを見ることができるようにしてくれています。

このおかげで、でこぼこの道を歩いたり、自転車に乗ったりすることができるのです。そしてこの前庭感覚に密接しているのが、固有感覚です。

固有感覚は自分の体がどのような姿勢になっているか、また、どの筋肉にどのくらいの力が入っているかを教えてくれる感覚です。

自分の手や足の位置を見なくても、どのように動き、そのとき必要な力の入れ具合を知ることができるのは固有感覚の働きのおかげです。

私たちは受けた情報を、これらの感覚機能を使い、脳の中で取捨選択し、処理をして行動しています。

それも一瞬のうちに処理できる素晴らしい能力をもって、日々のさまざまな出来事をこなしているのです。これを感覚統合といいます。


障がいのある人は、この感覚統合の一部、あるいはすべての部分において困難をもっていることが多いのです。

このような感覚統合の障がいが、ひとりの人の中でも、あるときには過敏に反応したり、あるときには鈍麻として表れてきます。

体がほんの小さな刺激をとても強い感覚で感じてしまう。また感じる必要があるのにほとんど感じることができないなど、私たちにはわからないたくさんの苦痛を障がいのある人たちは抱えているのです。

このことを知っていれば、彼らに共感することができます。彼らの大変さを知って、その苦しさを一緒に感じてくれる人さえいれば、彼らの苦しさも少し軽減できます。

生涯を通してこの困難さは彼らの中に残るものですが、いつまでも同じ状態でいるわけではありません。

親や周りの人が遊びの中で、決して無理やりではなく楽しみながらいろいろな感覚を体験できるように彼らに配慮をする。

そうすることで、少しずつ いやだった感覚も受け入れることができるように変化していきます。

少しでも早くその子の感覚の世界を広げ、体と感覚のバランスがとれるようになり楽に生きていってほしいと思います。

3歳で出会ったS君は、歯磨きがいやで歯磨きの時間はいつも泣き叫んでいます。

散髪もできないので寝ている間に切ります。カメラは向けただけで逃げる。帽子をかぶることは絶対に拒否するという状態で、私どものところへやってきました。

園でのマッサージの時間も、最初は触られることを拒否していました。マットに背中をつけることすらできませんでした。触覚がとても過敏なのです。

しかしある程度の時間を園で過ごし、1年半ほど経ったころには、笑って歯磨きができるようになり、散髪もじっと我慢できるようになりました。

写真はカメラを向けると、ちょっと下を向く程度。外へ行くときは必ず帽子をかぶるようになりました。もちろんマッサージも、指導員に体を任せることができるように変わりました。

いつもニコニコ顔で、遊んでほしいという顔でそばにやってきます。周りの人にとっても愛される男の子に成長しました。

特別な治療をしたわけではありません。訓練をすることも強制することもしませんでした。

しかし日々の生活の中で彼は変わってゆきました。

暑いときは帽子をかぶったほうが、頭が痛くならないことを彼に対して静かに語り続け、一瞬でも帽子を頭にのせることができればほめる。ほめることを繰り返すうちに、少しずつかぶれるようになったのです。

歯磨きでは大人が歯磨きをするところを見てもらい、自分で歯ブラシをもち唇に触れたことを、ほめてほめて過ごしました。カメラはおもちゃのカメラや折り紙のカメラを触ることから慣れてもらいました。

本人の意思を尊重し、いやがることをせず、本人のつらさに共感し続けたかかわりが、彼の困難さを軽くしていったと考えます。

これからも困難な部分は残ることでしょうが、いくつかの楽になった事柄だけをみても、彼の世界が大きく広がったといえると思います。これから彼は、もっともっと成長していくでしょうし、成長しやすい基盤を身につけたと思います。

人生のできるだけ早い時期に、よりよいかかわりをすべての障がいのある子に与えられるような社会になってほしいと思います。

ご参考までに、次のページに感覚統合に困難がある場合の具体例をまとめてご紹介してみました。これらを知ることで、子どもの気持ちをより深いところでつかむきっかけになれば幸いです。

感覚統合にまつわる障がい

視覚に困難がある場合

・いろいろな物が見えると気が散りやすくなる。

・光の点滅などキラキラする物を好んでじっと見る。

・形やマークが好きですぐに覚える。

・形や色などの識別が困難。

・物を置く位置や場所にこだわる。

・人の目をよく見ない。

・横目で物を見ることがある。

聴覚に困難がある場合

・特定の音（赤ちゃんの泣き声や掃除機の音など）で過敏な反応をする。

・人混みやうるさいところを嫌う。

・聞こえているのに呼んでも振り向かないことがある。

・大きな声で話すことがある。

・人の話に注意を向けない。

・テレビの音などを大きな音で聴く。

味覚に困難がある場合

・極端な偏食で同じ物ばかり食べる。

・味の違いに非常に敏感または非常に鈍感である。

・刺激の強い味を好む。

・味が混ざり合うことを嫌う。

触覚に困難がある場合

・体に触れられることに非常に敏感あるいは気づかないことがある。

・くすぐられることが好きで何度もせがむ。

・抱かれたり手を握られたりすることを嫌う。

・粘土、水、泥遊びを過度に好むまたは過度にいやがる。

・自分の打撲やけがに気づかないことがある。

・つま先立ちをすることが多い。

・何でも口に入れて確かめる傾向がある。

・着ている洋服がすこしでも濡れるといやがる。

・洗面、洗髪、散髪、歯磨き、爪切り、耳かき等をいやがる。

・極端に暑がり、寒がりである。

・人がそばに近づくと逃げる。

嗅覚に困難がある場合

・臭いに対して非常に敏感あるいは非常に鈍感である。

・何でも臭いを嗅いでみる。

・刺激の強い臭いが好きである。

前庭感覚（平衡を保つ感覚）に困難がある場合

・転びやすくバランスを崩しやすい。

・高い所に登ったり飛び降りたりする。

・安全な高さでも怖くて飛び降りることができない。

・ブランコ等揺れる遊具を大きく揺らすことを好む、あるいは極端に怖がる。
・回転する物に長く乗っていても目が回らない。
・極端に激しく動く、あるいは極端に動きが少ない。
・繰り返し頭を振ったり体を揺らす癖がある。
・うろうろと動き回ることが多い。
・扇風機のように回るものを見つめることが好き。
・きちんと座れずにイスからずり落ちそうに座る。

固有感覚（筋肉や関節からの感覚）に困難がある場合

・物の扱いが雑で壊すことがある。
・やわらかい物をそっと握ることができない。
・強い力で物をつかんだり投げようとしたりする。
・食物以外の硬い物を噛んでいることがある。
・布団などの間に入り込むことが好き。
・他人や自分をつねったり、たたいたり、噛んだり、髪の毛を引っ張ったりする。

言葉が出なくても気持ちは伝え合える

「言葉が出ないのが、一番心配です」

「言葉を話さないので何が言いたいかわからないので困ります」

この仕事をしていると、こうしたご相談を受けることがとても多いです。

言葉は私たちの大きなコミュニケーションツールです。でも私たちは言葉だけでなく、表情や態度でいろいろなことを伝えているのです。

言葉を話さない子どもたちは、何も語っていないわけではありません。

態度で、指差しで、表情で、視線で語っています。

私たちが、彼らとともに寄り添って楽しい時間を過ごし、後になって「そういえば彼には言葉がなかった」と気づくことがあります。言葉がなくても、わかり合えることはたくさんあるのです。

だから、言葉がないから相手を理解できないというのは違います。理解しようと思う気持ちが理解をするのです。

でも言葉があればいいのにと考えることは当然の気持ちです。

洗面器にポトリポトリと水を落としていくと、いつかいっぱいになり、こぼれ落ちます。同じように経験を一つひとつ重ねていくと、容量いっぱいに「内なる言語」として育ち、あふれ落ちる。それが表に出る「言葉」なのです。

障がいがあるために経験が少なければ、あふれ出るまで時間もかかります。すぐにためることはできません。

だからこそ私は子どもたちには、多くの良質の経験を重ねてほしいと望んでいます。でも中には、身体の構造的に言葉を発することに無理がある人、言葉で自分の思いを表現することができない人、言葉と思いが食い違ってしまう人もいます。

そのときは、言葉ではないコミュニケーションツールを、一緒に探しましょう。どの人も自分のことは自分で選択をし、それを人に伝え、人とかかわることが人としての喜びです。言葉がないということだけで、この喜びを取り上げないでください。

「あかり」では、伝える手段として「写真」「絵カード」「文字」「マカトンサイン」を使っています。

「マカトンサイン」とはイギリスで考案された、手話のように手の動きを使ったコミュニケーション方法です。

彼らにできるだけわかりやすく、事前に予定や情報を知らせるために取り入れているのですが、これが彼らのコミュニケーションツールとなると考えています。

写真には文字も加えます。写真もマカトンサインも必ず言葉とともに伝えます。写真やマカトンサインと言葉がひとつになることによって、発語につなが

マカトンサイン

食事／ごはん
（を食べる）

おいしい
（※2回叩く）

トイレ
（排泄）

ることもあります。

もし発語につながらなくても、マカトンサインとジェスチャーで表現する子もいますし、文字を理解して文章で自分の思いを表現してくれる子もいます。どんな方法でも、相手にわかってもらいたい気持ちを表すことができれば子どもたちは大きな喜びを味わうことができます。

言葉がないことで何ひとつ理解してもらえない悲しみ、何もわからないと思われているあきらめの中に、子どもたちを置き去りにしないでください。


いつも受け身のMさん。お母さんの顔色を見ています。

おやつやごはんを食べるとき、お母さんの「どうぞ食べて」の言葉がなければ、いつまでも食べずに待っています。

トイレに行くのも、寝るのも、お母さんの「どうぞ」がなければ動けません。

お母さんは、何とか自分から発するということを身につけてもらいたくて、お母さん自身がマカトンサインを学びました。

お母さんは、いつも家庭の中で言葉にサインをつける生活を始めました。そうすると、自然とMさんもサインを使いだしたのです。

マカトンサインを身につけたMさんは、お母さんの指示を待つことなく「食べたい」「寝る」「トイレに行く」「お母さんと一緒に出かけずに家で待っていたい」など自分のやりたいことを訴えるようになりました。

そして自分の行動を選択することもできるようになったのです。

静かで言われるままに行動していたMさん。いまも言葉はほとんどないけれど、にぎやかで自分の意志をもつ明るい高校生になりました。

現在、「あかり」では筆談・指談にも取り組んでいます。

これは、言葉を話さない、または何もわかっていないように見える人であっても、「すべての人は言葉をもっている」という国学院大学教授の柴田保之先生の教えを受けて学んでいます。

どんな方も言葉や文字はわかっていても、それを表出することができないことで、「わからない人」と判断されていると、柴田先生はおっしゃいます。

私たちも柴田先生と同じように「彼らはできる。彼らはわかる」と信じているのです。

支援者に体や手を支えられることで、自分だけでは表すことのできない文字を紙や手のひらに書ける、または手を添えることでタブレットを正確に押すことができるなど、障がいのある方がご自分の思いを表現できたということを、これまでたくさん経験してきました。

この表出の方法を多くの方に提供できれば、伝えられない、わかっていないと思われ、苦しみの中にいる彼らの大きな希望になることでしょう。

これからも、この筆談で通訳になるという希望の取り組みを職員全員で行っていきたいと思っています。

子どもに嘘をつかない。ごまかさない。おどかさない

子どもが親の思うように動いてくれないとき、「あとでね」「こんどね」と言ってしまいます。

その「あと」や「こんど」はいつやってくるのでしょうか。やってくることがあるのでしょうか。

「あと」や「こんど」は決してやってこないことを知っている子どもは、その言葉ではだまされないぞとばかりに、いうことを聞いてはくれません。

「遊びたい気持ちはわかるけど、時間がないので今日は遊べません」

「〇〇の日に来ましょう」

などと正直に、はっきりと伝えましょう。そしてその約束は、必ず親が守り

ます。

もしも守れない状態になったら、その理由もしっかりと伝えましょう。子どもをひとりの人として尊重し、ごまかすことなく話をすることで、親子の信頼関係が築けます。


あるお母さんから「子どもが幼稚園に行くのをいやがるようになってしまい困っている」というご相談をいただきました。

そのお母さんは、何とか幼稚園に行かせたいと思って、「ちょっと見てくるだけ」と言っては、幼稚園に行き無理やり置いてくる。また、「お買い物に行こう」と言っては、幼稚園に連れていく、などを繰り返していたそうです。

するとその子は、何を言っても外へ出なくなりました。

このように、親の言葉にだまされる経験を繰り返していれば、子どもは親を信用しなくなります。

親の信用を取り戻すためには、正直に、わかりやすく、丁寧に伝えることと、子どもを裏切らないことを続けてください、とお願いしました。

すると、少しずつ信用してくれて、公園などに行ってくれるようになってきたそうです。

しかし、またお母さんからお電話をいただきました。「どうしても銀行に行く用事があるのだけど、一緒に行ってくれなくて困っています」とのことでした。

私は、「子どもは銀行にどんな用事があって行くのかわからないので、行かなければいけない理由も伝えてみてください」とアドバイスしました。

その結果、ちゃんと一緒に銀行へ行ってくれたと、ご連絡をいただきました。

3歳児で、発達障がいの特徴の強いお子さんですが、ちゃんと理解することができるのです。きちんと向き合うことを続けていけば、親を信頼してくれて、親の言葉を受け入れられる子になります。

情報を減らすことは、多動の子どもを幸せにする

少しもじっとしていない元気いっぱいの多動っ子。

おもちゃを次々と引っぱり出し遊ぶかと思うと、ほおりっぱなしで窓の外を見に行ったり、周りの大人の動きに反応したり。彼らは本当に、めまぐるしく動きます。危険なことも意識しないで動き回るので、見ている大人からすればいつもハラハラドキドキです。

子どもに体を動かしたいという要求があるのですから、その要求を公園や散歩などで満たしてあげることは大切です。

ただ多動は、視覚や聴覚からたくさんの情報が入りすぎることから生まれることもあります。情報が処理できないための反応とも考えられるので、情報を減らすよう心がけることも必要です。

そのためには落ち着いて過ごすことのできる空間が必要です。

どうぞ部屋の中を見渡してみてください。

アニメの絵が壁に貼ってあったり、音楽が流れていたりするだけで、子どもにとっては情報が過多になってしまうこともあります。子どもたちは情報を見過ごしたり、聞き流したりすることがとても苦手なのです。

3歳で出会ったK君、次から次へ興味は移ります。

ロッカーや窓にもよじ登ります。外でもお母さんと手をつながずにどこへでも行ってしまい、お母さんは彼を守るためにへとへとです。

お母さんの目から見たK君は、言語は理解していない、発語はない、危険認知はない、多動でなんでも舐める・口に入れる、排泄はおむつ、という子どもでした。

確かに公園に行っても遊具で遊ぶことなく走り回り、ゴミ箱の縁を舐めるなど衝動的な動きばかりでした。でもK君はこちらの言うことが何もわからないわけではないと私は思いました。

ご両親とも一生懸命に、K君のことを考えていらっしゃいました。しかし、どのようにかかわったらいいのかわからなくて、K君に振り回されていらっしゃるようでした。

そこで、まずお願いしたのはエネルギーあふれるK君と、いっぱい体を使って遊ぶことでした。特にお父さんが休みの日は、疲れるまで遊んでいただきました。

できたら、受け身だけで得るものが少ないテレビやビデオ、ゲームなどは、少なくしていただきたいとお願いもしました。すると家族みんなで、テレビのない生活をしてくださいました。

受け取る情報の量が抑えられ、K君は視覚からの情報を理解ができるようになってきました。

そこで、いつも行くところなどK君にとってわかりやすいところから、写真を使ってのコミュニケーションを始めることにしました。コミュニケーションの手段を増やし、彼が自分で選択できることを増やしていくかかわりかたを心がけたのです。

ご両親も日本マカトン協会の講習を受けに行かれ、家庭の中でも私たちのところでも、同じコミュニケーションツールを使ってK君とのかかわりを重ねました。

マカトンサインや写真を使うことで、理解できる物事が多くなってきたK君は、衝動的な動きが少なくなり、周りの人の要望も理解し受け入れてくれるようになりました。

ご両親から年中での幼稚園の入園をさせたいと相談を受けましたが、そのときはまだ幼稚園で過ごすことは刺激が多すぎること、マンツーマンでのK君に合った丁寧な療育が必要であることをお伝えして待っていただくことにしました。

年長の年齢になり、行動も落ち着いてきて、身辺のこともずいぶんとできるようになったので、その後の1年間は幼稚園と私どもの児童発達支援との併用期間を経て、K君は地元の普通学校の特別支援学級に入学することができました。

現在は会話もスムーズになり、自信に満ちた瞳をして、落ち着いた小学校生活を元気に送っています。

いまのK君があるのは、彼が小さいときにご家族が正面から丁寧に忍耐強くかかわりあってきたことの結果です。ご両親の努力で、これからのK君の人生が、どれだけ楽になったか語りきれないほどです。

体と心が別々

体に障がいがある子はもちろんですが、発達障がいの子たちも、体の動きと心の在り方がバラバラな子が多くいます。

ゆっくり歩くことができずにいつも走り回り、少しも止まることができない。「行こうね」と言われてもすぐに動くことができない。

静かにしていなければならない場所でも、いつもしゃべり続けている。

心とは違う乱暴な言葉が口から出てきてしまう。

などと、自分の心にあるものとは違う行動をしてしまう子どもたちは、周りの人の評価がとても低くなってしまっています。

子ども自身もその行動に苦しんでいます。

自分で恥ずかしい、いやだからやめたいと思ってもやってしまうことや、言ってしまったことに対していつも怒られるとしたら、とても悲しく、自信をなくしてしまいます。そんな周りを困らす行動は、誰よりもその子ども自身が困っているのだと理解しましょう。

そのように考えると、子どもを怒ることはできませんね。

まずは子どものつらさに共感してください。それから、ゆっくり歩くことを意識させたり、この場面では「黙って話を聞こうね」などと伝えて気づかせてあげたりしていけば、少しずつ自分でコントロールすることを覚えてきます。

伝えるときは繰り返し何度も言うのではなく、視線を合わせて静かに落ち着いた声で、ゆっくりと事前に説明してあげましょう。どの子も非難ではなく、自分のために言ってくれる言葉はわかってくれます。

体の困難さに寄り添い、言葉をかけていくことで、子ども自身が自分の体をコントロールできるように導いていきましょう。

同じ行動にこだわる子どもには、役割を見つけてあげる

自閉スペクトラム症の子の中には、同じものや同じ行動などにこだわってしまう特徴をもつ子が多くいます。

どうしても同じ道を通らないと我慢ができなかったり、いつも同じおもちゃを並べて長い時間を過ごしていたり、また同じ洋服ばかり着ていたりします。

もしかしたら違う道を歩くのは怖いことが起きそうで、不安で仕方ないのかもしれません。

同じおもちゃを並べていると、安心して心が楽になるのかもしれません。

ごわごわの洋服が体に触れる感覚がいやだったり、好きな洋服には好みの模様があったりするのかもしれません。

彼らと一緒にいると、その行動の中に彼らの気持ちを理解するヒントがあるようで、同じことをしてみたくなります。

実際におもちゃを並べてみたり、同じ場所に座ってみたり、声を出してみたりすると、子どもたちは「あれ」という顔をして、少しうれしそうにしてくれます。

そのあと「じゃましないで」というように、そっぽを向かれてしまうことも多いのですが。

それでも私は、少しでも彼らと世界を共有できたような気がしてうれしく感じます。

彼らを私たちの尺度に合わせようとするだけでなく、彼らのもつ世界を理解し尊重していく。それがフェアのように思います。

また、彼らは同じことばかりすることを望んでいるわけではありません。

別の新しいことに挑戦してみたい。

人として成長していきたいという思いはいっぱいあるのです。

でも自信がなかったり、失敗するのが怖かったりして、最初の一歩が踏み出せない。いつもやっていることのほうが、安心していられるのでしょう。


そんなとき、ほんの少しだけ子どもたちの背中を押してあげましょう。

いつもと違うおもちゃをひとつだけ加えてみたり、歩き方を変えてみたり。

ほんの少しでも、その子がいままでとの違いを受け入れられたら、いっぱいほめてあげるのです。

そして、少しずつでも、こだわりの世界を広げていきましょう。


正直申し上げて、こだわりを完全になくすのは難しいことです。

でも周りがこれはちょっと困るというこだわりを、周りに影響を与えないこだわりに移したり、生活していく上で役に立つこだわりに変えていけば、本人の苦痛もやわらぎます。

水の好きな子には、食器洗いやお風呂洗いをお願いしましょう。きちんとできるまでにたとえ時間がかかっても、覚えることさえできれば長い人生の中でとても価値のある「できること」になるはずです。

「できること」と「家庭での子どもの役割」を、こだわりの中から見つけていきましょう。

家庭で役割のある子は、いきいきと過ごすことができます。

抱きしめてあげることが子どもをパニックから救う

思いが通らなかったとき、つらいことがあったとき、障がいのある子どもの中にはパニックを起こしてしまう子どももいます。

自分の手を噛む、頭をたたく、泣き叫ぶ、人にかかっていく。見ているだけで、とてもつらそうです。パニックとは、自分の感情をコントロールできなくなってしまい爆発してしまった姿なのです。

まずはパニックが本人と周りの人の安全を脅かしていないか確認しましょう。多くの言葉がけをせずに、子どもが落ち着くまで見守ってあげましょう。暴れて自分や他人を傷つけてしまいそうなときは、「大丈夫だよ」と一声だけかけてください。

怒ったり諭したりしても、本人には届きません。子どもはかえって興奮してしまい、何の解決にもなりません。

まずは子どものつらい気持ちを支えるように抱きしめてあげてください。そしてパニックがおさまったとき「つらかったね」と、その悲しい気持ちを共有してあげてください。

そして「静かにできて偉いね」と、子どもがパニックをおさめることができたことを、ほめてあげてください。

パニックを起こしてしまう自分を受け入れられること、パニックをおさめることはいいことだと、子どもに覚えていってもらうのです。

パニックや自傷を起こすことに対して周りが異常に反応してしまうことや、子どもにパニックを起こさせないために、子どもの言いなりになることは、しないようにしてください。

「パニックを起こせば周りは自分の思い通りになる」と、子どもが誤学習をしてしまいます。このくらいで思いが通らなければ、これでどうだとばかりに強いパニックを起こすこともあります。

パニックを起こしても思い通りにならなければ、子どもにとってパニックを起こす意味はなくなります。すると、たとえ感情の高ぶりでパニックを起こしたとしても、短い時間でおさまっていきます。

パニックを起こす子どもの表情には深い悲しみがあります。

彼らの気持ちに寄り添い、パニックに振り回されない対応でパニックは少なくなってきます。

子どもはパニックを起こしてしまう自分を、「人はどう思っているだろうか」「困った人だと思っているのではないだろうか」と気にしています。

どうぞどんなときも、「どんなあなたもすべてを愛しているよ」と、子どもたちに伝えてください。

無理をさせないことから偏食は解決していく

いつも同じ食べ物だけを食べていたり、野菜や果物は一切口にしなかったり、また異食で、普通は食べないものを食べてしまうということがあります。

味覚に対する過敏性や鈍さがさせていると考えられますが、新しい食べ物に対して警戒の気持ちが強く、受け入れられないことも多いように思います。

お肉だけしか食べないなどという食生活では、成長に影響がでてしまいます。しかもみんなで食事を楽しむ喜びを経験することができません。食事はお腹をいっぱいにして、体をつくるだけでなく、人生を楽しみ、豊かにするための大切な時間です。

いろいろな食べ物を受け入れることは、いろいろな人や感覚、出来事を受け入れられることになるのです。体と心はつながっています。あきらめないで、ほんの少しずつから挑戦しましょう。嫌いな食べ物を見ることができたところから、ほめてあげましょう。

大変な偏食のあるN君は、香りの強い癖のあるものしか食べませんでした。いつも同じものだけを食べています。

ときには草や壁なども口にします。パンは真っ黒焦げでなければ食べません。体にも心にも、良いとは思えない食生活をしていたのです。それを改善しようとしても、本人の抵抗が激しく、なかなか改善することができないでいました。

ある夏休み、「あかり」の指導員は体力がいっぱいのN君をつれて、何時間も散歩をする支援をしていました。

その途中にあるスーパーマーケットで、N君と指導員は試食の食品を爪楊枝の先につけて毎日味見を続けたのです。その子との信頼関係を積みながら、無理はさせずに、食べる勇気をほめることを繰り返した夏休みでした。

その夏休みの後からN君の食は大きな広がりを見せました。

いつも一品のお弁当が、カラフルな色とりどりのお弁当になりました。きれいにお弁当を食べきる姿は、とてもうれしそうです。お母さんもお弁当づくりが楽しそうです。

N君は、それまで人の受け入れが下手で、決まった人でないと支援を受けることができませんでした。ところが、いろいろな食物を受け入れることができるようになってからは、N君はどの支援者も受け入れるように変わりました。

いまではコンビニで購入するお弁当等も食べられるようになり、落ち着いて外食さえできるようになりました。家族やお友達と食事に出かける楽しみをもつことができたことは、彼の人生において大きな喜びになったのではないでしょうか。

いつも笑顔で素直なN君は、誰にでも好かれる青年に育ちました。食べることの大切さを教えてくれたN君の成長です。

子どもの困った行動は自我の芽生え

いままでなんでも親の言う通りにしていた障がいのある子が、言うことを聞かなくなる。嘘をついたりする。

悪い子になったと思われるかもしれません。

それは自我の芽生えです。いままでわからずにいたことがわかってきて、逆らったり嘘をついたりします。その成長を喜びながらも、しっかりとしつける時期がきています。

たとえ障がいがあっても社会的に許されないことがある。それを子どもにわかってもらう必要があります。

障がいがあるから仕方がないとか、障がいがあるからかわいそうだという理由で、何も教えてもらわずに育ってきた人は多いものです。

一般社会のルールを知らないことで、障がいよりもその人の「わがまま」が目立ってしまうことにもなりかねません。二次障がいといえるでしょう。

子どもが家庭から出たときに、すべての要求を受け入れてくれるところは社会にはありません。子どもが人をたたいたり危険な行為をするときは、叱る人は本気で本人と目を合わせ、肩や手をもって「いけません」と伝えましょう。

そして、正しい行為の仕方を教えてあげましょう。

用事があるときはたたかないで、相手の肩をやさしくトントンする。いやなときは「いや」と伝えるなどを知れば、子どもは困った行為をしないで済みます。

そして正しい行動ができたときは、心の底からいっぱいほめてあげましょう。こうすることが正しい行為だと覚えてくれるようになります。泣き叫んで自分の思いを通させて「泣けば自分の言うことを聞いてくれる」と勘違いさせてしまうと、後からそれを修正することはとても大変です。

叱るときには、いつも同じ対応を心がけましょう。

こちらの気分で変わる対応が良くないことはもちろんですが、今日はいいけど明日はダメだったり、この場面ではいいけど次は許されない、ということの理解は、障がいのある子どもにとって本当に難しいことです。どんなときにも変わらない、ぶれない統一した対応が、子どもを混乱させることなく現実を受け入れさせる方法です。


私の場合、長男は人を疑うということを知りませんでしたから「これあげる」と言われるとなんでももらってきました。反対に「ちょうだい」と言われると、なんでもあげてしまうということがありました。

実際飲みかけのジュースなども、もらって飲むことがありました。知らない人からももらって飲んでしまうのです。

当時は缶ジュースに毒を混入させる事件が新聞雑誌で騒がれており、心配だった私は、人から飲みかけの飲み物はもらってはいけないことを教えました。するとと彼は、家族や私からの飲み物も受け取らなくなりました。

さびしいことではありましたが、それは仕方のないことだと思いました。「このときはいいけど、このときはいけない」と判断するのはとても難しいことです。答えをひとつに決めておくことが、本人にとってわかりやすく、自分を守ることにつながるのです。

本人が選択したり判断できないことは、周りの人が本人の立場に立って決めておいてあげることが必要です。

発達ニーズに即したかかわりをする

ニーズとは要求や欲求のことです。

赤ちゃんは、「おなかがすいたのでミルクがほしい」というニーズがあるから泣いて訴えます。

「おしっこがでたら気持ち悪いよ。おむつを替えてとほしい」と訴えます。

「ママに抱っこしてほしい」と泣くこともあります。

赤ちゃんも大人も、いろいろなニーズをもって生活しています。

自我に目覚めるころになると、「このお菓子が食べたい」「電車が見たい」「公園で遊びたい」「お友達のもっているおもちゃがほしい」などなど、たくさんのニーズが出てきます。

いろいろなことを感じて表現できることは大切なことです。でも目の前のことだけにとらわれて、そのニーズにすべて周りの人が応えてくれていたとしたら、我慢のできない人に育つことは当然です。

発達ニーズとは、そのような目の前の要求のことではなくて、人が根本的にもっている「発達したい」「成長したい」「何かができるようになりたい」という思いのことです。

子どもであっても、大人であっても、老人であっても、人はその人生を終わる日まで何かができるようになりたいし、知らないことを知りたいと思うものなのです。

それは障がいがあっても変わらぬ思いです。

言葉も話さないし、何もわかっていないと思われる人であっても、体が不自由で寝たきりの人であっても、生きている限りすべての人がもっています。

そんな発達ニーズを刺激して、少しでも成長できたら、人は大きな喜びを感じます。

「待つことができた」

「我慢することができた」

「苦手なものを食べることができた」

「多動な子が10分間、座って集中して遊ぶことができた」

「人の話を聞くことができた」

「言葉は話せないけれど、サインで気持ちを表現できた」

どんなに小さな「できた」であっても、自分で自分の成長を感じることができて、自分自身を肯定できる——。これが発達の喜びです。

自分のことをあきらめない、一歩一歩成長する人であることを、子どもが自分で感じなければ、我慢もできず、目の前のことだけに振り回されるようになってしまいます。

いまの年齢の子の発達ニーズはどんなものか考えてかかわりましょう。年齢に合わないものは、興味をもちづらく、楽しめないことが多いものです。

「障がいのある子ども」と兄弟姉妹とのかかわり

障がいのある子の兄弟姉妹は、一般の子とは違う環境で育っていきます。

上の子に障がいがあると、下の子は自分が生まれたときからいるお兄ちゃんをあたりまえに受け入れます。障がいを個性と受け止め、その特徴を誰よりもわかる理解者になってくれるようです。

小さい自分が親に目をかけられ、愛されていることも充分知っていますから、障がいのある子にやきもちを焼くことも少ないようです。

私は、長男から7年をあけて二男を、それから3年をあけて三男を授かりました。

年齢が離れているせいもあって長男は、2人が赤ちゃんのときはかわいくて

かわいくて抱っこをしたり、あやしたりしてよく遊んでくれました。

ところが二男が小学生になり、知的にも言語的にも、二男が長男を超える時期がくると、兄の間違った言動に二男が「お兄ちゃんは間違ってる」と意見するようになってきました。

あきらかに間違っていることに抗議する弟。

そして兄としての権威を脅かされる長男。

私は兄の気持ちを支えつつ、弟の気持ちを静めることが多くなりました。


弟に手を出すことはありませんでしたが、長男は悔しくて泣きながら壁をたたいていました。穏やかな性格の、彼の傷つく姿でした。

私は二男とお風呂に入ったときなどに、兄の障がいについて彼がわかるように語りました。小さくて少し難しいと思っても、ごまかさずに正面からきちんと話をすれば、子どもは理解してくれます。

話を続けるうちに、長男に対して、下の子の理解が進み、その成長とともに上手にかかわってくれるようになりました。

それからは2人のもめごとはなくなりました。障がいのある子のつらさを受け止め、下の子の理解を促す。障がいのある子を兄や姉としてもつ彼らには、そんな作業が必要ということです。

一方、下の子に障がいがある場合は、上の子は早くから理解を示してくれるようです。

自分も親と一緒に、その弟や妹をみなくちゃと思っているように感じられます。そして親も上の子を頼りにしている場合があります。

早くからしっかりしてくれる上の子も、子どもに変わりありません。もし障がいのある子が寝ていて、上の子との時間がとれるときは、上の子をいっぱい抱っこして甘ったれの子どもに戻してあげましょう。

思いっきりべたべたする時間をつくってあげるのです。

「あなたが大好き」だと伝えてあげてください。精一杯にがんばって我慢をして小さな胸を痛めているかもしれません。

大人になってから、

「親は、障がいのある子のことばかりで自分に目を向けてくれなかった」

「兄弟の面倒ばかり見せられた子ども時代だった」

などと語る兄弟もいます。

どうぞ兄弟の子ども時代も大切にして、障がいのある子もない子も同じ愛で包んであげましょう。

ありがとう　ここに来てくれて
ありがとう　好きになってくれて
ありがとう　笑ってくれて
ありがとう　がんばってくれて

いっぱい　いっぱい　愛をくれる
いっぱい　いっぱい　教えてくれる
いっぱい　いっぱいのありがとう
あなたに

PART
4

就学準備と小学校生活のアドバイス

幼稚園・保育園にはいつ入る？

3歳が近づいてくると、子どもたちの多くは、幼稚園や保育園に行き始めます。そこで、障がいのあるわが子もどこかに入園させなくちゃと、入れてもらえる幼稚園探しに翻弄されている親御さんもいらっしゃいます。

お医者さんにどのように育てたらいいかと相談すると「集団に入れたほうが成長します」と言われたと、ほとんどの保護者の方が口にされます。

しかし集団の中での子どもの成長は、それを果たせる環境が整っていてこそ実現します。

集団の中にいつ入れるか、何を目的に集団に入れるか、どのような規模の集団に入れるか。そして、子どもにあった集団はどのようなところか。

それらを抜きに「集団に入れれば子どもは成長する」とただ簡単に判断して

しまうのは、とても乱暴なことです。

たとえば多動で目からも耳からも多くの刺激が入りすぎて、落ち着かなくなってしまう子を、あまり早くに大きな集団へ入れてしまうことはお勧めできません。その時期、学ぶべきことを学ぶことなく、大切な幼児期を過ごしてしまうことになりかねないからです。

本人にとって、とても苦手な刺激のある集団に入ってしまい、逃げ出すという経験が重なれば、集団そのものが逃げ出す要因となってしまいます。その子にとって安心できる場所での、丁寧な個別療育こそが必要です。

体が不自由でも知的に問題のないお子さんやコミュニケーションに問題のないお子さんなら、お友達を増やすことのできる大きな集団がいいと思います。同じ年代の、お子さんからの刺激をたくさん受けて経験を積むことができ、成長を促すこともできるでしょう。もちろん移動等を介助する職員は必要です。

子どもの状態をよく知って、いま何がこの子に必要かを見極めて、集団選びをしていきましょう。

幼児期は、人の中で生きていくための基礎をつくる大切な時期です。頼れる人やかかわってくれる人をたくさんつくり、人とかかわることは楽しいと思ってもらいたいものです。

20〜30人の園児に先生がひとりでクラス運営をしているようであれば、少しのハンディがあるだけでも、その中でやっていくことは大変です。注意を受けたり、怒られたりすることが増えて、人の中にいることを苦痛に思ってしまうことがあります。

そんな状態で幼児期を過ごせば、集団活動はいやなものになってしまいます。そして自分はみんなよりも劣っている子どもだと感じてしまっても、不思議はありません。

人を信頼することができる。

集団で過ごす楽しさを知っている。

がまんして待つことができる。

イスに座って話を聞くことができる。

体をいっぱい使って遊ぶことを心地よく思う。

これが幼児期に身につけておくべきことだと思います。学習的な学びは、その次でいいのです。

集団の中で落ち着いて過ごせ、人を信頼できれば、人とのかかわり方も学びも素直に吸収することができます。そしてどの人にも愛される人に育つことでしょう。それはその子の人生を通しての財産となります。

3歳になるからと、どこか受け入れてくれる幼稚園を探している方が多いのですが、その幼稚園がどのように対応してくれるかが大事です。

入園したけれど集団には入れないので、一日中ひとりで遊んでいる。

いつも支援員さんとだけ過ごしている。

などの話を伺うこともあります。それでは集団に入った意味はありません。

お家でお母さんのお手伝いをするなどの経験をしたほうが、その子にとって価値ある時間となります。

幼児期の一日一日はとっても貴重です。幼稚園で価値ある一日を過ごしているか必ず把握してください。

また子どもが行きたくないと言ったら、その子にはその幼稚園が向いていないなどの問題があるかもしれません。

幼児は楽しいところから成長すると思っています。楽しくない、行きたくないところに毎日通っていては、成長が縮こまってしまいます。

私の個人的な考えとしては、必ず3歳で幼稚園に行くことはないと思っています。4歳でも5歳でもいいし、もっといえば行かなくてもいいのではないかと思っています。

いまこの子に必要なことは何なのかを考えて、その子のいまの時間を大切に使ってほしいです。

小学校選びはどうするか？

障がいのある子をもって一番悩むのが、就学のときかもしれません。

健常の子とともに地域の学校へ行かせたいと思っても、その子をサポートするシステムがなければ、本人が毎日とても苦労してしまいます。

私は、小学校・中学校という義務教育の間は、地元の学校へ行くべきだと考えています。トイレの改造やスロープが必要ならばそれを整え、介助員や先生の増員が必要ならば、それも整えて迎え入れる。

これが義務教育のあるべき姿ではないかと考えています。

その子に応じた教育を地域で受ける権利が、子どもたちにはあると思うのです。そうした意味から言うと、地域を超えて特別支援学校に通うということは、その子が地域の中で共に育たないということです。

大人になってから、「差別のない社会をつくろう」「障がいのある人を理解しよう」と言ってみても、この時点で障がいのある人とない人を分ける教育ということをやっていては、難しいことだと思うのです。

障がいのある人と何の接点もなく育ち、会ったこともない人は、そもそものようにかかわったらいいか知りません。奇異の目で見てしまったり、無視をしてしまうという行為は仕方のないことのようにも思います。

子ども時代を共に過ごし、お互いを知ることが、障がいのある人をあたりまえに受け入れる社会をつくる一番の近道です。

そして障がいのある子の嘘のない一生懸命な姿、困難を抱えても明るく生きる姿から、健常の子たちも多くを学ぶことができるのです。

この社会は、いろいろな人がいて構成されているという、とても大事なことも知ることができるのです。

しかし、地域の学校ではその子が必要とする教育が受けられない、いじめにあってしまうことも、あるかもしれません。障がいのある子に過大な負荷がかかってしまいそうなときは、特別支援学校を選択することもいいと思います。

特別支援学校を選択すると、地域からは離れた生活になってしまいますが、先生の人数も多く目が行き届き、その子を中心に考えられたプログラムの中で学習を進めることができます。結果として、居心地の良い学校生活を送ることもできるでしょう。

ところで特別支援学校とはいっても、すべての先生が障がいについての勉強をしてきた方ばかりではありません。

もちろん障がいのある子の教育にとても熱心な先生もたくさんいらっしゃいます。しかし障がいのある子について知ることなく、普通の学校教育を障がいのある子にあてはめる先生もいらっしゃるようです。

特別支援学校の先生だから、子どもの特徴やかかわり方をとてもよく知っていると思ってはいけません。一番わかっているのは、お父さんとお母さんです。どこの学校を選んでも、お子さんのことを先生にしっかりと伝えてください。

私は、新しい先生と出会うたび、今度はこの先生を育てるんだなという気持ちでかかわるようにしていました。

うちの子にとってはこの先生は素人。そんな気持ちでいると、先生との関係も築きやすくなると思います。

普通学級

地域の学校で健常の子どもたちと一緒に学びます。

他の子どもたちの行動や言語から、影響を受けられることは貴重です。地域で友達関係をつくり、理解者を増やすことができます。

普通学級でも、その子に必要なサポート体制を整えていただくよう、要望していきましょう。

親は障がいに対して理解のある先生だけではないという現状を理解して、学校生活を子どもと共に送る気持ちが大切です。

通級

普通学級または特別支援学級に籍を置き、双方を行き来して授業を受ける学び方です。

音楽と体育と給食を普通学級で過ごす特別支援学級の子、算数だけを特別支援学級で個別指導を受ける普通学級の子など、その子の発達状態に適した学習形態で過ごします。

どの子も自分に合う教育を受けることは、うれしいことです。わからない授業を45分間受けなければいけないことは苦痛でしかありません。

特別支援学級

以前は、特殊学級、複式学級などといわれていました。

地域の学校の中に独立した学級として設置されています。知的クラス・情緒クラスと分けられています。知的のクラスには知的に遅れのあるお子さんが通い、情緒のクラスには自閉スペクトラム症のお子さんが通っています。

一人ひとりのお子さんのニーズにあった教育プログラムで進められることと、普通学級とのかかわりももちやすいことから、障がいのある子にとって、とてもいい形だと思います。

けれどクラスの人数が少なく、集団として成り立たないということもあります。また担任の先生によって、クラス運営が大きく変わってしまうという難点があります。

相性のいい先生と巡り合えば、楽しくいきいきともつ力を伸ばすことができますが、たまたま合わない先生と出会った場合、ひとりの先生に依存する時間が長い小学校の生活は、つらいものとなってしまいます。

しかも特別支援学級は、すべての学校に設置されているわけではありません。地域の学校に特別支援学級がなく、特別支援学級に行かせたい場合は早めに教育委員会に相談しましょう。

学区外の特別支援学級の見学をしてそちらに通うこともできますし、条件がそろえば、学区に設置してもらえることもあります。

特別支援学校

以前は養護学校といわれていました。

肢体不自由の特別支援学校・知的の特別支援学校・盲学校・聾学校とありますが、今後は障がいの種別を超えて、地域の特別支援教育センター的な役割を担う方向で動いています。

すべてとはいえないけれど、障がい児教育に熱心な先生がいらして、設備が整っていること、障がいのある子の、親同士での情報交換ができることなど安心して過ごすことのできる利点があります。

その一方で、自分の住む地域の子どもたちとは切り離された生活になってしまいます。小学校・中学校・高校すべてを特別支援学校に通うとなると、12年という長い年月をそこで過ごすことになります。

特別支援学校を選択した場合、子ども会や地域活動などで地域とのつながりを意識して生活することで、その部分を埋めるように心がけてほしいと思います。

「ここしか行けない」ではなく「この学校が合う」で考える

小学校入学のときには、教育委員会が行う就学相談や地域の学校で行われる就学判定などがあります。相談することはもちろん大切ですが、お子さんの長い学校生活を決定するときです。いろいろな学校を見学しましょう。

その学校の校長先生や担任の先生にも会いましょう。お子さんを通わせたいと思うところを自分の目で見て決めましょう。

就学相談などで特別支援学校を勧められても、地域の学校がうちの子に合ってると思ったら、そのように進めていきましょう。

お子さんのことについては、ご両親が一番の理解者だということを忘れないでください。学校側の都合に合わせるというのは違います。

この子に一番合う学校はどこだろうという視点で考えてください。ご両親がしっかりと見極めてください。最終的に決定するのは、教育委員会ではなく本人とご両親です。

身体に麻痺があり知的にも重度の障がいを抱えるMさんは、小学校の6年間を普通学級で過ごし卒業しました。

健常児の中で過ごすことを望んだ、Mさんとお母さんとの長い6年間だったと思います。休憩時間のトイレなど必要な時間には、一日に何度もお母さんが学校に行くのです。お母さんが行けないときは、私どものサービスを利用していました。

中学校は、肢体不自由の特別支援学校に通うことになりましたが、がんばった6年間にMさんを知る人は増え、理解の輪を広げたことは、お母さんの誇りです。

そしてMさんは笑顔のやさしい、人の中にいることが大好きな素敵なお嬢さんに成長しました。

この子にはこの障がいがあるから、この学校しか行くことができない。そう考えるのではなくて、この子にはこの学校が一番合っているからここへ行く、と考えて学校は決めてください。

小学校生活を幸せにするために

悩みながらも、わが子のことを大切に考えて決めた小学校です。決めた後は迷うことはやめましょう。

わが子のことを誰よりも大切にする、お父さんとお母さんが決めた学校です。わが子にとって一番合う学校ということは間違いありません。

入学したら、まずはこれまでの成育歴や子どもの特徴、子どもが習得しているコミュニケーションツール（写真帳やマカトンサインなど）を、先生に伝えてください。

小学校を地域の普通学級あるいは特別支援学級を選択したならば、その利点を生かして、子どものお友達をいっぱいつくりましょう。

もしかしたら本人はお友達づくりが苦手かもしれません。そのときはお母さんが健常の子どもたちとお友達になって一緒に遊べると、障がいのある子の仲間づくりがスムーズにいきます。

ご兄弟を介するのもいいと思います。

ご兄弟のお友達から仲間の輪が広がることもありますし、その兄弟にとっても障がいの子を隠すのではなく、知ってもらうことが、気持ちを楽に学校生活を送ることができるようになります。

学校のお友達には、お子さんのことをしっかりと伝えましょう。子どもたちは、大人とは違って憶測することなく、ストレートに障がいのある子のありのままを受け入れてくれます。

「何でしゃべらないの」

「何でみんなと違うの」

など鋭い質問がくるかもしれません。

そんなときはきちんと答えてあげてください。自分の疑問を解決した子どもたちは、生涯を通して必ず障がいのある子の理解者、そして支援者になってくれるはずです。

そうした子どもたちは、担任の先生よりも長いおつきあいになります。学校で起きたことをお母さんに報告してくれたり、障がいのある子が困ったとき、助けてくれる存在になります。


障がいのある子に対しては、健常の子に追いつかせたいなど多くを求めないでください。

健常の子の中で、障がいのある子は自分がみんなと同じにできないことをつらく思っていますし、できない自分を責める思いももっています。それを親も感じていることを知れば、心はもっと傷つきます。

この子にはこの子なりの成長がある。その小さくても一歩一歩の成長を、子どもと家族が共に喜ぶ生活をしてください。

「期待しすぎず期待して育てる」という思いをもってください。

子どもは、必ず成長するのです。

地域の学校、特別支援学校どちらに通うようになっても、子どもにとって、とても大切な小学生という時代を過ごすにあたって、一番必要で大切なことは、「経験」です。

障がいのある子たちは、ほとんどの子が健常の子に比べて、経験不足のまま成長することが多いのです。

私たちにとっても経験ほど学びとなり、人生の幅を広げるものはありません。

しかし私たちには、本を読んだりメディアからの情報で学んだり、疑似体験によって知ることもたくさんあります。その中で自分の生き方を選んでいくことをしています。

障がいのある子たちは、障がいがあることで情報をうまく受け取れないことがあります。またさまざまな経験をする機会が、極端に少なくなってしまうということも多いのです。

机上のことやメディアから、彼らが学びとれることはあまりありません。ですから彼らの学びは、すべて経験からといっていいと考えられるのです。多くの経験をすることが、その子の人生を豊かにすることなのです。

そして子どもは大きくなるにつれ、失敗を恐れ、新しい経験に踏み出せなくなってきます。親と一緒に楽しみながら、いろいろなことに挑戦できる時期は短いものです。

障がいのある人の中には大人になって働く力をもっても、余暇を楽しむことができない人が多くいます。

障がいがあっても豊かに人生を送るためには、趣味をもっていたり、余暇を楽しむことができるかどうかはとても大切なことです。ですから小学生時代の経験がとても大切なのです。

夏はプールで泳ぐことを楽しみ、冬はスキーやそり、電車を観たり乗ったり、音楽が楽しめたり、映画を観に行けたりと、少しずつ少しずつ、その子の生きる世界を広げてあげましょう。


きっと楽しい未来がそこにあります。

子どもの通所事業所選び

障がい福祉サービスが広まって、多くの方が地域で暮らし続けるための準備が整いつつあると感じる昨今です。子どもの通う事業所の内容も本当に多種多様です。

しっかり見学して、その事業所の雰囲気や職員の対応を見てください。

そして一番大切なことは、事業所を運営する法人としての考え方です。彼らへの思いと障がい児支援を行う考え方をしっかりと聞きましょう。

彼らはどの人も成長する力をもっています。そして可能性もたくさんあります。

でも生活する環境を自分で選ぶことはできません。ここはいやということは言わない。この人はいやとも言ってはくれません。

ただよくない環境であってもその環境に自分を慣らして受け入れあきらめてしまいます。

だから彼らがいきいきと日々を生きるためには、その子にとってよい環境を周りの者が用意すること。

そして愛をもって、彼らの成長を信じる事業者が提供する発達の支援を受けることが、その子の力を伸ばすために重要です。

その子のこれから先の人生の礎を築くことになります。

放課後等デイサービス、最近の傾向

ここ数年、放課後等デイサービスの事業所がとても多くなりました。選択肢が増えたということはよいことなのですけれど、内容が「ただ預かればいい」というような事業者もあるようです。

狭い室内の中で、ひとりおもちゃで遊んでいるだけであったり、ずっとビデオを見せているだけだったり、おやつを食べさせたら、長い時間をかけて順番に自宅へ送っていくだけだったりなど、とても子どもの発達支援などではなく、かえって子どもの成長をむしばむようなところもあるようです。

保護者の方は、子どもが成長すべき大切な時間をどのように過ごしているか関心をもって、見守っていただきたいと思います。

また、最近の傾向として「小学校に上がったら、放課後等デイサービスにも通わせなくては」と、小学校の入学前から、通う放課後等デイサービス事業所を探す保護者の方が多くなってきているようです。

でも子どもはまず小学校に慣れるだけでとっても大変です。特に体力のない子は、学校に通うだけで精いっぱいの子もいます。放課後は、家庭で静かに過ごしたい子もいると思うのです。

学校にも慣れてきて、体力もあり、家庭の中で過ごすだけではエネルギーを持て余してしまう子は、放課後等デイサービスで体を使う遊びができたらいいと思います。

またこれも最近のことですが、毎日毎日、放課後等デイサービスを利用している子がいます。

日替わりで週5回、毎日違う放課後等デイサービスの事業所へ通っているとか、土曜日も日曜日も利用している子もいます。

ほとんど家で、家族と過ごす時間がない。家は寝るだけのところになってしまっています。

これでは、落ち着いて生活することができません。家族の一員として認められていないように感じてしまうのではないでしょうか。

そして、家族として一緒にいる時間があまりにも少なくなってしまえば、親と子の関係、兄弟の関係を上手に築くことができなくなってしまいます。ぜひ一緒にいる時間をつくりその時間を楽しく大切に過ごしてほしいと思います。

通所事業所を選ぶポイント

児童発達支援事業所へ通うとき

・子どもに障がいがあるとわかったとき。

・コミュニケーションがとりづらく育てづらいと感じたとき。

・お医者さんや保健士さんに勧められたとき。

・幼稚園や保育園での集団活動に参加できなくなったとき。

・幼稚園や保育園に行くのをとてもいやがるようになったとき。

こんな児童発達支援事業所に通いましょう

・温かい雰囲気を感じる。

・子どもが喜んで通う。

・職員が子どもを大好きで笑顔で迎えてくれる。

・子どもや親に対して丁寧な言葉遣いをしている。

・子どもの成長に適したプログラムがある。

・テレビやビデオで子どもの大切な時間を消費しない。

・子どもが成功体験ができる工夫をしている。

・子どもが小学校に通うときのことを考えて支援をしている。

放課後等デイサービスに求めるものは

・学校だけではできない経験をしてほしい。

・家庭ではできない経験をしてほしい。

・放課後の時間、まだまだあふれているエネルギーを発散してほしい。

・友達と遊ぶ時間をつくりたい。

・いろいろな人とかかわりをもってほしい。

こんな放課後等デイサービスに通いましょう

- 温かい雰囲気を感じる。
- 子どもが喜んで通う。
- 職員が子どもを大好きで、笑顔で迎えてくれる。
- 子どもや親に対して丁寧な言葉遣いをしている。
- 子どもの成長に適したプログラムがある。
- テレビやビデオで子どもの大切な時間を消費しない。
- 子どもが成功体験ができる工夫をしている。
- 子どもの年齢に即したかかわり方をしてくれる。

子どもはお父さんお母さんを愛している。
とても深い心で愛している。
お母さんが美人じゃなくちゃいやだとか
お父さんが立派じゃなきゃいやだとかは決して言わない。
そのままのお父さんお母さんが大好きです。
どうぞ、何もできなくてもこのままの私を僕を愛してください。
それだけでとても幸せです。
お父さんお母さんが悲しんだり苦しんだりするのが一番つらいことです。
それが私の僕のためだったらどうしたらいいの。

PART 5

中学校生活・高校生活・社会参加・自立のアドバイス

中学生・高校生・思春期を乗り越える

特別支援学校には高等部まであるので、通っておられる方はそのまま中学生、高校生になることがほとんどです。

地域の学校に通っている場合、進学時にまた小学校選びのときのように立ち止まって、この子にとってどこがいいか考えましょう。

小学校で地域の学校に通って、お友達の関係も良く、その子に適した教育が受けられているようなら、そのまま地域の中学校へ行かれるのがいいと思います。

しかし通学区の中学校が荒れていたり、その子に適した教育を受けられない状態ならば、特別支援学校を選択してもいいかと思います。

高校は健常の子どもたちも、自分の希望やそのレベルに合わせた学校を選択して進学します。

同じように障がいのある子も、自分に適したところを選択すればいいと思います。

学区の特別支援学校を選択する人が多いとは思いますが、専門学校や私立や大学付属の特別支援学校、また全員就労を目指すことを掲げている特別支援学校がある地域もあります。

どこを目指すにしても、親子で見学をして雰囲気をみて、話を聞いて選びましょう。3年後の進路も視野に入れて考えましょう。

中学生から高校生の時代は、健常のお子さんも自分自身もそうであったように、障がいのある子どもも、体と心のバランスが崩れる思春期を迎えます。

健常の子であれば友人と悩みを語り合い、共感し解決する時期です。スポーツをすることで発散したり、親とは距離を置き、ときには悪態をつくような時期でもあります。

障がいのある子は、上手にそんな風に自分のイライラする思いを発散することができません。

いままでおとなしかった子が、暴れてしまったり、大きな声を出したり、周りにとって困った行動が出ることがあります。

親に反発したくても、口答えをしたくても、距離を置きたくても、親の世話にならなくてはならない子どものつらさは、想像以上ではないでしょうか。

大人になりたくても、その殻をやぶることのできない子どものつらさを理解して共感するように努めましょう。

そして、子どもが大人になっていくことを共に喜びましょう。

できるだけ大人として扱い、自尊心を傷つけないように気をつけてください。暴力をふるうことはいけないけれど、これならいいよという場所やものなど代わりになるものを示してあげてください。

この時期、本人が一番苦しいことをわかってあげましょう。子どもがとる行動の中には、親も「なぜ」と思う行動が表われることもあります。

この状態がずっと続くような気がして、将来に希望がもてない気持ちになるかもしれません。

でも必ずここを乗り越え、変化する日が来ます。誰でもが通る大人への道を大きな気持ちで支えましょう。

子どもが自立するために親ができること

子どもは障がいがあってもなくても成長し、大人になります。いまは腕の中でかわいい寝息を立てている子は、腕の中にも、家庭の中にも、親の視野の中にも、おさまらない日が、必ずやってきます。

そのときは、必ずわが子を手離すこと。多くの支援を受けなければならない状態であったとしても、やがては子どもが自立する日がくることを想像して育ててください。

これまでの日本における障がいのある人の人生は、親が子どもに障がいがあることを知ったときから、その子より一日でも長く生きることを望み、その子のすべてを自分の責任として、また一心同体のような思いで、長い年月を暮らしている方が多くいました。

親は、自分しかこの子のことを、みることもわかることもできないと考えて、がんばってがんばって一緒に生きていきます。

そして自分の身体や生活が立ちいかなくなったときに、涙をのんで分身のようなわが子を入所施設へ入れて手離すということがこれまでの日本では繰り返されてきました。

障がいのある人は、そのとき30歳か40歳になって、初めて親から離れることになるのです。

それは「親」という仲介のない社会との出会いでもあります。そしてその日から、入所施設での生活、いわば集団生活が始まり、ほとんどの場合その人の人生が終わる日まで続くのです。

私が研修に行かせてもらった入所施設では、二人部屋で個人の持ち物は、べッドとテレビ、整理ダンス、カセットデッキが1台ずつでした。

もちろんリビングなどくつろげる大きな部屋はありますが、ひとりきりになれるのはベッドの上だけです。食事時間もいつも決まっていて、みんなで同じものを三食いただきます。

朝食後の掃除。

自由時間の後の作業。

そして週に3回のお風呂。

夕食、自由時間、就寝。

毎日がこの繰り返しです。

たまにイベントやお楽しみは計画されていますが、私自身はここで入所して何年も暮らし続けることはとても苦痛だと感じました。


食事も自分で選びたい。おそばが食べたい日もあるし、食欲がなくて食べたくない日もあります。お風呂にも毎日入りたい。自由に買い物にも出かけたい。一日中ひとりで音楽を聴いていたい日もある。

そんなあたりまえのことが、集団生活の決まりの中で実現できないのです。自分らしく自分の選択で生きたいと思うのが、人として当然の要求です。それができない生活は私はいやだし、私がいやなことは障がいがある人に強いていいはずがない。

障がいがあるから仕方がないと考えることはおかしいと思うのです。


これからの日本の福祉も、他の先進国が実現しているように障がいがあっても地域で暮らし続けることができる社会を目指しています。地域で、多様なサービスを使いながら自立して暮らすことが目標です。

そのためには障がい児・者福祉サービスのさらなる充実が必要です。

どうぞいまから障がい児・者福祉サービスに興味をもって、障がい児・者福祉サービスを豊かにしていくために意見が言える親になりましょう。

しかし入所施設が不必要とか悪いとかではありません。

急な生活の変化を受け止めることのできる場所。安全で安心な場所。専門的なケアができる場所です。地域の福祉の拠点としての役割など、これからも入所施設に求められることはとても多いと思います。


どの人も親が一緒にいられなくなったときに入所施設しか選択肢がない。入所施設から地域生活に戻ることができない環境に問題があるのです。誰もが自分の望む家に住むことが、自分らしい生活を営む基本です。

知的に障がいのある人はなかなか声をあげることはできませんが、身体に障がいのある人は自分らしく生きたいと声をあげています。


私の知る20代のお嬢さんは、手足に麻痺があり、車イスで生活しています。10

代のころ入所施設に入っていました。

そのとき人手が足りないと、入浴の介助に男性が来ることがあったそうです。恥ずかしくていやで仕方がなかったと語っていました。若い女の子にとって何よりもつらいことだったと思います。いまは、福祉サービスを使いながらひとり暮らしを楽しんでいます。

「施設に戻るくらいなら死んだほうがいい」とそのお嬢さんは言っています。

障がいのある人の心を推し量ることを、決して忘れないようにしなければいけない言葉です。

障がいのある人の仕事とは？

めまぐるしいスピードで変わっていく日本では、効率の良い仕事やお金になる仕事が良いものとされます。反対に地道で効率の悪い仕事は、価値が低いように評価されています。

本当に私たちにとって大切なものは何なのでしょう。

この価値観の中にいると障がいがあるということだけで、効率は悪く、人としての価値が低いと判断されてしまいます。

障がいのある人たちが真摯《しんし》な姿勢で取り組んだ仕事を、価値ある仕事と評価する社会に変わっていってほしいと望みます。ここでは障がいのある人の働き方について、少しお話ししていきたいと思います。

一般就労

一般の会社に就職することです。

障がい者の枠を用意している会社もあります。現在は、まだまだほんの一握りの、障がいのある人しか一般就労していないのが現実です。聴覚障がいや、車イスの人たち、あるいは軽度の知的障がいのある人が、障がい者に理解のある会社に勤めています。

年齢も性別も体型もさまざまな人が生きているのですから、働く場所でも障がいのある人がいて当然と考えるのが成熟した社会と思います。

もっともっと働く場所の選択肢が増えてほしいものです。

かかわり方を知る人が増えれば、障がいのある人の力が発揮できる仕事はたくさんあると思います。

就労施設

●就労移行支援事業所

一般就労へ移行するために事業所内や企業における作業や実習、適性にあった職場を探し、就労後の職場定着のための支援をする施設です。

利用期間の限度は2年間までとなっています。

対象者は企業へ就労を希望する人、技術を習得して在宅で就労や起業を希望する人などです。

●就労継続A型支援事業所（雇用型）

雇用契約に基づき就労します。一般就労に必要な知識、能力が高まった人には、一般就労への移行に向けての支援も行っていきます。

利用期間の制限はありません。

対象者は、
○就労移行支援を利用したが企業の雇用に結びつかなかった人
○特別支援学校を卒業して就職活動を行ったが、企業の雇用に結びつかなかった人
○企業を離職したのち再雇用ができなかった人
となっています。

●就労継続B型支援事業所（非雇用型）

雇用契約は結ばずに就労や生産活動を行う就労形態です。

一般就労の知識や能力が高まった方には、一般就労への移行に向けて支援しています。利用期間の制限はありません。

対象者は、
○企業や就労継続A型支援事業施設での就労経験があり、年齢や体力などの

問題で再雇用されることが困難になった人
○就労移行支援事業を利用したが、企業や就労継続A型の雇用に結びつかなかった人
○試行の結果、企業、就労移行支援事業、就労継続A型事業の利用が困難と判断された人
となっています。

また就労が難しい障がいのある人が通う場として、生活介護事業所があります。

プログラムや考え方は、それぞれの施設で決めていますので、見学をして施設の考え方や方針を伺って決めましょう。

仕事の内容は、自主製品作りや内職仕事を請け負っているところが多いようです。

パンやクッキー作り・陶芸・木工・織物・革製品・紙すき製品・農作業などといった仕事は働く人に好まれています。これらの作業は工程が多く、分業が可能です。そのため、それぞれの人に合わせた仕事をつくりやすいという利点があるのです。

施設によっては、お弁当屋さんや喫茶店などを運営するところもあります。一般の人とかかわりをもつという点でとてもいいことですし、こういうことが大好きな障がいのある人には楽しい仕事です。

しかし、まだ自立して生活するための給与がもらえる就労施設は、ほとんどないといっていいと思います。給与をもらうというよりも、昼間の活動の場所としての意味合いが強いようです。

ひと月働いて数千円のお給料というのでは、社会人としての自覚の芽生えを摘んでしまいます。これからの就労施設の在り方が問われる事柄です。

私たちが、就労施設を始めるときにまず考えたことは、長男が生きていたら通わせたかった就労施設です。それはいきいきとやりがいをもって働ける職場です。

仕事がたくさんあって自分が休むと事業所が困ってしまうほど頼りにされていること。

自分に自信をもって働けること。

協力する仲間がいること。

やさしいまなざしで支えてくれる支援者がいること。

そして、働いたことに応じて、必ず対価が伴うこと。

これらが整わずして就労施設はできないと考えていました。

ですから、「就労施設をする」ということではなく、「どんな仕事をやっていくのか」が大きな課題でした。

障がいのある人も仕事を通じて、幸せになる

たくさんの工程のある仕事であること。
やりがいをもてるものであること。
収入の上がるものであること。
その仕事に誇りのもてるものであること。
働くみんなが元気になるもの。

たくさんの仕事を考えました。見学もさせてもらいました。

自主製品を作ることは誇りと喜びにはなるけれど、なかなかみんなに充分な給料を支払えるだけの収入は見込めません。多くの事業所で取り組んでいるパンは日持ちが短いので、ロスが多く出てしまう。お豆腐もいいけど、日持ちの問題と冷蔵庫などの設備にお金がかかりすぎる。

考えた末に、日持ちがして、子どもたちが大好きなおせんべいはどうかと思い立ち、以前からお世話になっていたおせんべい屋さんに、製造をお願いすることにしました。驚かれたかもしれませんが、「あかりせんべい」でやっていこうと意思を固めてから、就労施設をつくることを決めたのです。

その後、「あかり」を応援してくださる地主さんと出会い、ご自分の土地に建物を建てて貸してくださるという幸運があり、就労施設を始めることができました。いまでは、「『あかり』の方ですか？」ではなく、「『あかりせんべい』の方ですか？」と言われるくらい、このせんべいは有名になりました。多くの方から注文をいただき、ネット販売も好評です。

「あかり」専用の包装材を用意して、『笑顔をありがとう』や『あなたが大好き』などの「ありがとうシール」をつけています。ラベル貼り、袋詰め、納品、販売が仕事です。

利用者さんのことを「一般職」と呼び、「あかり」の職員は「リーダー職」と呼んでいます。一般職とリーダー職が力を合わせて一般職の給料を作り出すという強い意識で仕事に向っています。

いきいきと働く彼らの力は素晴らしいと感じます。どんどん働く力が向上し、できなかったことができるようになるのです。ほかの人の仕事を見て、次は自分もその仕事をやってみたいと言ってくれることもあります。

そして学校を卒業したときは、「一般就労なんて考えていません」と言っていた方も、自分に自信ができてくると、一般社会の中で力を試してみたいと考えるようになります。実際に「あかり」では、多くの方が一般就労されています。

人生には「あなたはここまで」というのはありません。どの人も次の段階を目指すべきです。

うまくいかなかったときは戻ってもいいのですから、いくつになっても先に進める力をつけ、自信と希望をもって生きていってほしいと思います。

現在3か所の就労施設を運営しています。通ってくれている人たちの中には、障がいが重いといわれている人も多くいますが、仕事が何もできない人はひとりもいません。休みたがる人もひとりもいません。自分のすべき仕事をもって、落ち着き、とてもよい表情で仕事をしてくれています。

仕事は人を育てるものだということを、自信をもって言うことができます。その人に適した仕事を用意して運営することが、就労施設の役割です。

平日は一所懸命に仕事をする。休日は自分の働いたお金で余暇を楽しく過ごす。このあたりまえのことが、人としての幸せにつながります。

それは障がいがあっても同じです。毎日が休日でゆっくり自由に過ごすということは、障がいのある人にとっても誰にとっても、社会から切り離された孤立感と、自分の生きる意味を感じられない毎日を過ごすということになります。

障がいのある人もいきいきと仕事ができる社会にしなければいけません。

大学や専門学校に代わる、学びの場「あかり学園」

2018年2月に「あかり学園」を開園しました。これは福祉サービスの「自立訓練」を利用した、2年間の学びの場です。

障がいのある彼らは、18歳で高校を卒業すると、一般就労か福祉的就労、または生活介護などが進路となります。

いまの世の中、高校卒業後には大学に進んだり、専門学校に行ったりと、学ぶ人が多くいるのに対して、障がいのある人にはその選択肢がありません。

障がいのある人は、ほかの人よりもゆっくりと成長すると考えています。まだ学ぶ必要のある彼らに、学ぶという選択肢がないことをずっと残念に思っていました。18歳で人生を決めないで、と。ですから学びの場をつくりたいと願っていたのです。

まだこの選択肢は浸透していないので、戸惑う保護者の方も多いのですが、「あかり学園」を利用してくれている生徒の皆さんは、学びに来ているという意識が高く、どの授業も熱心に取り組んでくれています。

数学、国語、美術、音楽、パソコン・スマホ・タブレット実習、ヨガ、ダンス、習字、朗読、料理、買い物、外食などなど。社会の中で必要なことを学んでいます。それぞれに適したかかわりで教えてもらっています。笑いの絶えない教室です。参加しないという子はひとりもいません。仲間外れの子もいません。どの子も「知りたい」「成長したい」という思いにあふれています。これまできちんとした学びの機会がなかったのではないかと感じています。

もっと学びたい人には学びの場を、仕事で力を発揮して成長したい人にはやりがいのある仕事を、提供していきたいと思います。

障がいのある人の世界はまだまだ選択肢の狭い世界です。その世界を広げていくことが、障がい者福祉にかかわった者の大きな役割です。

大切な出会いの場「ホットハートフェスティバル」

「あかり」を設立する以前から取り組んできている主催事業に「ホットハートフェスティバル」があります。

大型の商業施設で年に2回、近隣の就労施設の方々と一緒に、各施設の製品を販売させてもらっています。15年近く続いているので、地域の中ではずいぶんと名が知られるようになりました。

障がいがあっても多くの一般の方とかかわる機会をもちたい。

一般の方にも彼らのことを知ってもらいたい。

彼らの素敵な製品を見てもらいたい。

彼らに販売という体験を通じて、喜びを感じてもらいたい。

彼らの給与を増やすことに貢献したい。

こんな思いで続けていますが、長く継続していると「ホットハートフェスティバル」が大切な出会いの場にもなってきていることを感じます。

結婚して子どもが生まれた職員が子どもを見せに来てくれたり、就労施設から一般就労した方が施設の友達に会いに来てくれたり、利用者が通っていた学校の先生が来てくれたりします。

利用者の保護者の方も「ホットハートフェスティバル」で会えることを楽しみに来てくれます。

それは「あかり」だけではなく、参加しているどの施設でも同じです。開催中にこの場所で、どれだけ多くの出会いがあるかと思うと、本当に貴重な機会だと思います。

3日間の開催期間中、1日3回のコンサートを行います。アーティストの方が大切に作り上げてくれる30分のコンサートです。このコンサートを楽しみに来てくださる方も多く、会場が一体となる雰囲気が私は大好きです。

15年前、最初は他の就労施設の販売の手伝いから始めました。現在は、「あかり」が運営する3か所の就労施設の一般職（利用者）の元気な声が響いています。販売体験、会場整理、コンサートの司会が彼らの仕事です。高校生の放課後等デイサービスに来ている子どもたちも、自分たちの製品を販売します。

そして「あかり学園」の音楽の授業の発表の場でもあり、「ダンス」の発表の場でもあるのです。

3日間の彼らのいきいきと輝く姿を見ていると、本当にうれしい気持ちでいっぱいになります。始めたときは考えもしなかったけれど、こうした彼らを見るために「ホットハートフェスティバル」を始めたのかなと思ってしまいます。

この事業は、「あかり」が市民活動を基礎とするNPOとして存在していることとの証でもあります。

ですから前日の会場準備や最終日の搬出作業など、「あかり」の職員はボランティアで参加します。

市民としての力が合わさることで、大きなイベントを開催し、社会に影響を与えることもできるということを、職員のみんなにも身をもって感じてほしいからです。

成人の通所事業所を選ぶとき

18歳になり、高等学校卒業となったとき、どのような進路に進むのかと考えます。卒業後の人生をいきいきと暮らすためにはどうしたらよいのか、想像してください。

私がお会いした保護者の方で「障がいのあるこの子を働かせるなんてかわいそう」とか「うちの子は何もできないから」とおっしゃる人がいます。ゆっくりすごせる場所がいいと考え、仕事をしないで、散歩やビデオを見て一日を過ごす通所施設を選ばれる方が多いのです。

そんなとき私はいつも「18歳で将来を決めないで」と思ってしまいます。誰も18歳で人生を決める人はいません。これから時間をかけて、いろいろな学びや経験をする時期です。障がいのある人の成長の時期は遅くにやってくると私は思います。

これから伸びようとする人に対して「あなたはここで伸びるのはおしまい」と決めつけてしまっています。

その人に適した学びを提供されると、学ぶことの喜びを知ることができます。いろいろな経験の場を提供されると、人生の幅が広がります。しっかりと向き合ってくれる人と出会うことができれば自立に向かうことができます。そして自分自身の成長の気づきは自己肯定感を築いていきます。

18歳からの成長する力は素晴らしいものがあると思います。

ただ周りの人が、その人はもう成長しない人だと考え、そのように相対するのであれば、その人自身も悲しみの中、自分自身をあきらめてしまい、生涯、あきらめられた人として生きていくことになることでしょう。

そんな悲しい人をつくらないでください。その人の力を活かせる仕事を探してほしいと思います。

たとえいまできる仕事が見つからないとしても1年後はできるかもしれません。3年後にできるようになってもいいと思います。

どうしてもその仕事が合わないようならば、別の仕事ができる場所を探しましょう。仕事が合わなければ会社を変わるということは、あたりまえのことなのですから。

あきらめられた人の悲しさを思い、かかわる者はその人を決してあきらめないでほしいと思います。

ひとりで生きることが、自立ではありません

自立をひとりで生きることと考えてはいけません。

誰でもたったひとりで生きている人はいません。多くの人とかかわりながら、お世話をかけたり、かけられたりしながら生きています。人とはそうして生きていく生き物なのでしょう。

自分でつくった食事だって、多くの人の手を経てここに存在するのです。人が人のお世話になって生きることはあたりまえのことなのです。

障がいのある人は、生涯を通して人のお世話になって生きることになります。それは決して恥ずべきことではありません。逆にいうと、もっとも人間らしい生き方といえるかもしれません。

とはいえ自分でできることは少しでも多いほうが、不便なく生活しやすいことは確かです。

知的レベルだけを考えれば、10歳の知的能力があればひとりで生活することはできます。8歳の知的能力があれば、人の助けを借りて生活することができます。欲張らず自立に向けて少しずつの成長を目指しましょう。

計算が苦手な人には、計算機の使い方を覚えてもらいましょう。計算の勉強をするよりずっとやさしいはずです。料理をすることが難しければ、お惣菜の上手な買い方を知ればいいのです。

わかるように工夫をするのは周りの役割です。

自分がわからないことを、周りの人に聞ける力が子どもにあれば安心です。言葉が出ない子どもには、親や周りの人が質問カードを用意しましょう。周りの工夫で自立への道はどんどん広がります。

これができなければ自立することは無理だと考えずに、こうすれば自立できると考えていきましょう。そしてかかわった人に「ありがとう」という言葉が言えたら最高です。

言葉が無理なら、にっこりと笑顔を見せることができたら自立は可能です。

どの人も、いつまでも親の保護のもとで暮らし続けたいと思ってはいません。青年期になれば自立してひとりで暮らしたい、または気の合う人と一緒に暮らしたい、結婚したいと考えるのはあたりまえの気持ちです。

そう思ったとき、実現できるノウハウをできるだけ身につけていれば、本人の思いと行動が一致する暮らしができることになります。

障がいがあってつらいこと

目が見えない、耳が聞こえない、動きづらい体を授かった、など障がいがあって生きることは、不自由で困難なことがたくさんあります。

それでもたくましく明るく生きている方はたくさんいます。自身の不自由さを受け入れて、困難なことも乗り越え人生を輝かせています。障がいがあっても、幸せに人生を生きていくことができることを教えてくれています。

では、障がいがあって、つらく悲しいことはどんなことかと考えてみてください。

目が見えなくても点字で本も読めます。伴走者と共にマラソンもできます。耳が聞こえなくても手話や筆談があります。世の中すべての人が手話を使えたら、耳が聞こえるとか、聞こえないとかの問題はなくなります。動きづらい体の方にはその方に適した車イスや段差のない道路が用意されていて、動きたいときに必要な支援者がそばにいれば困難はありません。

　点字がないこと。伴走者がいないこと。誰も手話をわかってくれないこと。車イスがないこと。段差ばかりの道であること。支援者がいないこと。誰ともコミュニケーションが取れないことで孤独であること。障がいがあることで仲間に入れてもらえないこと。どうせわからないと思われて情報を伝えてもらえないこと。障がいを指差されて笑われたり、冷たい視線を向けられたりすること。

　こういうことが、障がいがあるという事実よりも悲しいことだと思いませんか。そしてこれらのことは、本人がいくら努力をしても変えられることではありません。

　周りの人が障がいについて理解して、障がいがあってもみんな同じ思いの中で生きていることを感じて、不自由さに寄り添う社会が形成されなければ、障がいのある人はつらい思いをし続けることになります。

障がいのある人の悲しみは社会を形成している私たちの責任です。

障がいがあっても、年をとっても、安心して生きていける社会を目指すべきです。そんな意識をもってみんなでやさしい社会を築いていきましょう。

「多くの人が思えばそれは現実になる」とは誰かの言葉ですが、私もそう思います。

口から出せなかった思いを感じよう
言葉にできない人の心を想像しよう
表現できない悲しさを共にしよう
その人たちの思いを表すことが
その人の人生にかかわった
私たちの使命です

PART
6

子育ての悩みが、わが子と生きる喜びに変わるアドバイス

子どもと親

子どもは3歳までに、親に対して産んでもらったお礼をしているといいます。子どもは授かった時点から、親にいろんな体験をさせてくれます。

これまでにない大きな喜びや不安、期待を感じさせ、生まれてからはその命の神秘、成長の驚きと喜び、人はかけがえのない存在であることを教えてくれます。そして何よりもかわいくて、自分の命をつないでくれる存在です。すべての人の未来といってもいいと思います。

おなかにいるときから3歳までの間に、親はこうした経験をさせてもらっているのですから、親と子は対等な関係です。親は人生の先輩として、子どもがこれからの人生を豊かに暮らすお手伝いをしていきましょう。

笑顔でお子さんと接してください

お母さんの笑顔は家庭の中の太陽といいます。

とても繊細な心をもつ子どもにとっては、お母さんの顔色を見るというのは日常のことでしょう。

暗い顔をしているお母さんを見ることは、子どもからすると何よりもつらいことです。特に自分のことや自分に障がいがあることでお母さんがつらそうにしていたら申し訳なくて、とても悲しくなることでしょう。

お母さんの笑顔は、子どもも家族もお母さん自身も明るくしてくれます。つらい気持ちのときにも無理してでも笑顔でいると、少しずつ心が軽くなっていきます。

笑顔で怒る人はいません。笑顔でイライラすることはできません。

朝起きたとき、まず鏡の前で自分に向かって、笑顔で「おはよう、今日もよろしく」とあいさつしましょう。一日のエネルギーが湧いてきます。

そして次は、家族、子どもにも笑顔であいさつをしてください。子どもも一日を過ごすエネルギーを、お母さんからもらうことができます。

子どもが帰ってきたとき、お父さんが帰ってきたとき、笑顔でお母さんが迎えてくれたら、一日がんばって緊張していた心が、穏やかにときほぐれ、心から安心できることでしょう。

子どもに「ダメ」という言葉をつい言っていませんか

「ダメ」と言われると、誰でも「えっ、何がダメだったの」「なんでダメなの」「どうすればいいの」と頭の中が混乱します。

そのとき、大人はいまのやり方が悪かったのかもしれないなどと想像したり、「どうしたらいいの」と相手に聞いたりして、その「ダメ」を解決しようとします。

子どもだったらどうでしょうか。まだ経験の少ない子どもは、何がダメだったかと想像することがまだ難しい状態です。「ダメ」と言われて否定されたことのみを感じて、混乱状態になるのは当然といえるのではないでしょうか。

特に発達障がいがあって予想することが苦手だとしたら、混乱からパニックになることもあるかもしれません。

「ダメ」という言葉は、それを言った人は何について言ったかわかって発していても、言われた人は何のことだかわからないということはよくあることなのです。

「ダメ」という強い否定の言葉が本人に対しての全面的な否定として届いているかもしれません。

「このときはこうしてくださいね」「このやり方は危ないのでこうしましょう」

などと丁寧でわかりやすい言い方で伝え、解決方法も併せて説明しましょう。

それが相手を尊重していくかかわりです。

「ダメ」という言葉は家庭の中からなくしましょう。親自身も穏やかで、丁寧な生き方ができるようになっていきます。

子どものほめるところをいつも探しましょう

いくつになっても人はほめられるとうれしいものです。

もちろん子どもはほめられて認められることで、自信をもち、成長していきます。

先ほどお話ししましたが、「ダメ」を連発されると子どもは自信を失います。注意ばかりされるのなら何もしないほうがいいと思ったり、どうせ自分なんか何をしてもダメな人間だと思うようになって、粗暴な振る舞いをする子どもになってしまうかもしれません。

少しのことでも「いまのよかったね」とその行動に対して、すかさずほめてください。「この行動がいい行動だ」と学びます。この学びが自信となり自己を認めることになります。

「うちの子はほめるところがないです」とおっしゃる方がいます。でも、そんなはずはないです。

きっと今日の笑顔がとてもステキだったり、今日一日がんばって学校で過ごしてきたり、お友達にやさしくできたり、いいところやがんばっていることがいくつもあるはずです。毎日のことであたりまえに過ぎてしまっているだけのことだと思います。

この子がいてくれてよかったことや、うれしかったことを伝えてください。それで子どもは、自分には価値があると感じて、生きる喜びとなります。

人は誰でも得意なこと、不得意なことをもっています。どちらかだけの人はいないでしょう。

不得意なことだけをがんばってやらされたり、不得意なことだけに注目されて指摘を受けたら、とてもつらいことになります。

親は子どものためを思って、弱い部分を何とか改善させたくて、不得意なことばかりを注意し、練習させることがあります。

苦手なことはなかなか進まないし、出来上がりも上手ではない。だからもっと嫌いになる――。そんな経験をもっている方は多いのではないでしょうか。

得意なことは早く上手にできて、やっていて楽しいものです。楽しく得意なことをして、人に感心され、ほめられ、自信をもつ。すると苦手なこともちょっとやってみようかなという気持ちが湧いてくるものです。

得意なことを伸ばすことが自己肯定感をもつために、大きな役割を果たしています。得意なことに着目する子育てをしましょう。

なんでも手を出し、やってあげることは、子どものためにはなりません

人は経験によって多くを学び、成長していきます。経験が不足している子は、親が子どもの経験すべき事柄を奪っていると考えられます。

うっかり忘れものをしたら困るのは自分です。今度は忘れないようにしようと、そのとき学びます。自分の行動が結果を引き出していることを学ぶのです。

しかしいつもお母さんが用意をしてくれる、または「ちゃんと持ったの」などと声掛けが習慣になっていればどうでしょうか。

忘れ物をしたとき、お母さんが用意してくれなかったから、お母さんが言ってくれなかったからと、自分の責任ではなく、忘れ物はお母さんの責任と考えるようになります。

すべての行動は自分に責任があることを学ばなくては、それを改善することはできません。

障がいのある子は、障がいがあることでわからないことや、できないことがあるというよりも、障がいがあることで経験させてもらえなかった経験不足によって、できないことやわからないことが多いのです。

「この子は電車に乗れません」というお子さんが電車に挑戦すると、1度目は乗ることに躊躇しても、2度目はちゃんと乗ることができます。3度目からは当然のように楽しそうに乗って出かけることができます。

電車の中で騒いでしまったら困るという大人の考えで、この子は電車に乗るという経験をさせてもらえなかっただけです。経験を重ねていけば、ひとりで電車に乗って出かけることも可能になります。

経験はその人の人生の幅を広げる大切なものです。よい経験もつらい経験もすべてがその人の財産です。

子どもに「期待しすぎず期待して」育てましょう

大きな期待をされたときプレッシャーにつぶされそうになるのは、子どもも同じです。

「あなたはできない人」とまるで期待されないと悲しいです。でも自分ではどうにもならないことを期待されても、苦しくなるのは当然です。

もしも発達障がいの特徴のある子に、その特徴をなくすことを親が期待したらどうでしょうか。発達障がいの特徴のあるのが自分なのですから、自分自身を否定された気持ちになります。

丸ごと受け入れるけれど、少しずつ変化し、成長する自分に期待してくれていると思ったら、がんばることができるのではないでしょうか。

過度ではなく、その子に応じた期待をもってかかわりましょう。

どの子も成長したい

赤ちゃんからお年寄りまで、すべての人は生きている間、ずっと「もっと成長したい」と思っています。

だから定年になったお父さんも高齢者大学へ通ったり、趣味の活動に熱を注いだりします。子どもであれば、それはもっと好奇心に満ちて、発達への欲求は膨らんでいます。

それは障がいがあるなしに関係はありません。障がいがあって寝たきりの子であっても、何かを知りたい、向上していきたいという思いでいます。

学びの先にある成長した自分に出会いたいのです。そこを閉ざしてはいけません。

自分からどんどん学び、進んでいく子は、自分の人生を切り開く力をもっています。けれど自分では切り開けない子もいます。その子が学び、知ることを意欲的にできるためには、成功する体験を重ねなければなりません。

自ら挑戦できないのは失敗体験を重ねてきて、「どうせできない」と自信をなくしているか、いつも怒られているとかのために、意欲を失ってしまっているからです。

その子の意欲を取り戻すための方法は、成功体験を重ねて自信を回復するしかありません。かかわる周りの人はその子が失敗しない工夫をして、成功できる工夫と成功する支援の手助けをすることが大切です。

自信を回復して、自分自身を自分で認められた子は瞳が輝き、少しくらいの失敗ではめげない子どもに変わっていきます。

子どもに選択させる場面をつくる

生きていくということは、日々いろいろなことを選択しているということです。職業や住居を選ぶという大きな選択から、今日は何を食べるか、何を着るかという小さな選択を繰り返しながら、私たちは生きています。

子どもは発達の途中ですから、すべてを自分で選択するわけにはいきません。選択できない事柄もありますし、親に選択してもらわなければならない事柄もありますから。

でも、いつも与えられるばかりで、「あなたはこうしなさい」と言われなければ行動することができないとしたら、どうでしょう。

「なんでもいい」「どうでもいい」と自分のことなのに何も決められない自主性のない人になってしまいます。

自分で決めないということは、自分のことに責任をもたないと同時に、自己を表現しない人、すなわち自分で自分の人生を生きていないということになります。

当然、生きがいや自己実現の喜びを感じることはできません。障がいのある子の多くが、すべてを親や周りの大人に決められています。

「あなたはこのジュースが好きね」といつも同じものを与えられたり、「あなたはこの歌が好きでしょう」と30歳になっても幼児のころ好きだった同じ歌を聞かされていたり、親の好みを子どもの好みだと、親や周りの大人が勘違いしていることがあるのではないでしょうか。

それしか知らない。それしか与えられず、選択するということも教えてもらっていないのです。自分のことは自分で決めることができる。それが人生を豊かに過ごすことです。

「なんでもいい」「どうでもいい」という人ではなく、障がいがあっても「私はこうしたいです」と意思表示ができるよう、小さなときから「どっちが好きなの」「何がしたいの」など、指差しでも写真カードでもいいので、子ども自身が選ぶという練習をしてください。

「選ぶ」という行為は日々経験していなければできるようにならないものなのです。

子どもが意思を示してくれたら親は、その思いに応えられるときは応える。応えられないときは子どもの気持ちに共感しつつ、なぜ応えられないのかを、丁寧に説明してあげてください。丁寧な説明は、親子の信頼関係を築くことになります。

食事を大切にする

利用者の中に、ごはんを全然食べてくれないお子さんがいます。でも、特に瘦せているわけではありません。

普段は何を食べているのですか、とお母さんに伺うと、お菓子だったり、ジュースや炭酸飲料をたくさん飲んでいたりします。

好きなものを好きなだけいつでも与えていたら、食事は食べないというのは当然のことです。小さな体で、お菓子もごはんもしっかり食べるということは無理なことです。

もちろん空腹を感じなければ、食事の時間も楽しみな時間ではありません。

生命と健康を維持するための「食べる」ということは、一生を通じて大切な行為です。体は物質ですから、口から入れた食べ物で体はつくられています。

昨日食べたもので、今日の体ができているといってもいいかもしれません。できるだけよい食品を口に入れることができるように考えるのは、親の役割です。

子どもが口にしているお菓子やジュースの原材料は何ですか？　小さな体にその油分や糖分は多すぎはしませんか？　味は刺激的ではないですか？　カロリーはどうですか？　表示を確認しましょう。

いま食べた物が、明日の体をつくり、将来の味覚や生き方を育てているということを意識しましょう。子どもは自分の体によいものを自分で選ぶことはできません。子どもの食べ物については、すべてが親の責任といっていいでしょう。

贅沢でなくてもいい、野菜やお魚、果物など自然の物を取り入れ、おみそ汁など少しだけでも手作りの物を並べてください。家族で食べる食事の時間が家族みんなの幸せの時間です。ぜひその時間をつくりましょう。

偏食の多い子であっても、食事は楽しいと感じながら食卓を囲む喜びをつくってあげてください。親の食べている物に興味のある視線を向けたら、少しでも挑戦してもらいましょう。

おやつは袋ごと渡すことはしないでください。お皿に少し入れて楽しみとして食べる。水分補給にはジュースではなくお茶や水を飲みましょう。ジュースは特別なときのお楽しみにしましょう。

寝ることを大切にする

食べることと同じように、生きるために、そして成長するために大切なのが、寝ることです。

子どもは疲れたらすぐに寝て、エネルギーを蓄えるものですが、最近あまり寝ない子が増えているようです。夕食の時間が遅かったり、お父さんの帰宅時間を待っていたり、家族みんなが寝ないと寝られなかったり……。そんなときお子さんの一日の生活を振り返ってみましょう。

起床時間はどうですか。よく眠っているからと、朝8時過ぎまで寝かせていませんでしたか。

昼間の活動はどうですか。しっかり体を動かしたでしょうか。テレビやゲームなどで精神が興奮する状態はありませんでしたか。

夜は早めにお風呂に入り、ゆったりとした気持ちで過ごしましたか。静かに布団に入り、本を読んでもらい、部屋を暗くして眠りに入ります。

成長ホルモンは眠っている間に多く分泌されます。だから、子どもは早く寝ることが必要なのです。家族で子どもの寝る時間を確保してあげてください。

子どもがまだ起きていたがったとしても、子どもの寝る時間は家庭の決まりとして守ってください。子どもの成長と健康を守るとても大切な時間です。

本を読む時間をつくる

忙しい日常を過ごしていると、読み聞かせの時間をとるのが難しいかもしれません。読み聞かせをしようとしても子どもが聞いてくれない、うちの子は自分で読めるからいらない、などと思われたお母さんもいることでしょう。

忙しいからこそ、子どもが本好きでないからこそ、自分で読めたとしても、お子さんの大好きな親の声で、読み聞かせをしてあげてほしいと思います。

忙しくて子どもを怒ってばかりいた日の夜、子どものかわいい寝顔を見て、「ごめんね」と思っても子どもは夢の中です。

子どもが寝るときに添い寝をして、5分で終わる簡単な絵本でもいいので、やさしい声で楽しい本を読んで聞かせてあげれば、親子の関係は修復できます。

親の愛情に包まれて、子どもは眠りにつくことができます。親もその時間だけはわずらわされることなく、子どもとの時間を楽しむことができます。

本が嫌いな子はいないと思っています。内容が難しすぎる、または簡単すぎる、または落ち着いているのが苦手ということがあるかもしれません。

でも親が自分だけのために本を読んでくれることを嫌うという子はいないはずです。

読んでもらう本は子どもが決める。落ち着かなかったとしても、後ろを向いていたとしても、優しい声を子どもに聞かせる。それだけでいいので、続けてください。子どもはその時間を、心の中で幸せと感じているはずです。

自分で読めるお子さんであっても、人に読んでもらうと絵だけに集中できたり、感想を言い合ったりと、親子でよい時間がもてます。

小学校が終わるくらいまで続けてください。子どもは必ず本好きの人になります。本は、困ったときの助けになり、友達になってくれることもあります。本を身近に感じる人は、自分らしく生きていける人です。

実体験を大切にする

いまの子どもたちは、生まれたときからパソコンやスマートフォンが身近にあります。親世代もスマホなしの生活は考えられない時代です。

子どもたちは何の違和感もなく、小さな指でスマホ画面を器用に操作します。すごいという驚きとともに、これでいいのかという思いも湧いています。

ユーチューブで好きなアニメを見続けたり、ゲームに時間も忘れて過ごしていたりしている子も少なくありません。

先日、お会いした3歳の男の子はいつもユーチューブで同じアニメを見続けています。そうしていてくれれば、おとなしくしてくれるので、親は家事ができたり、お友達と話をしたりできます。

でも、人が育つためには実体験が何よりも大切です。アニメやゲームの体験は楽しいですが、子どもを成長に向かわせるものではないでしょう。

仮に、これらが子どもの精神や目に悪影響を及ぼさないとしても、子どもが体を使って遊んだり、友達と遊びを通して協力したり、意見を言い合うなど他人とコミュニケーションをとったりする時間を奪うことは確かです。

子どもたちの「貴重な子ども時代」をこれらの機器で奪わないでほしいと思います。

時間を決めて行うなど約束をしましょう。約束をしたら、泣いたり、騒いだりしても、親も子どももそれを守ってください。

これは親が子どもを尊重しつつ導くことになります。そして社会のルールを学ぶことにつながります。

子どもに「ありがとう」を言う場面をつくりましょう

子どもも家庭という社会を構成する一員です。自分が家庭の中で必要な存在であると感じることで自信が生まれます。

食卓の準備や靴そろえ、お風呂掃除、小さな子だったら新聞を取りに行くでもいいと思います。どんな小さなことでも家族のためになること、毎日続けられることをその子の役割にしましょう。

親は、お手伝いをしてもらったら「とっても助かった。ありがとう」と感謝の言葉をいつも忘れずに伝えてください。

「ありがとう」は感謝とともに尊敬の気持ちも伝えることができます。たくさんの「ありがとう」の言葉を受けた子どもは自分に自信をもつことができます。「ありがとう」は大人であっても子どもであっても対等な関係をつくります。

子どもの言葉だけにとらわれない

幼稚園に入ったら汚い言葉を覚えてしまったとか、反抗期には「このくそババア」などとひどい言葉を使った、ということがあります。

幼児だったら、聞いた言葉を使ってみたいのかもしれません。

その言葉を言われたら、いやな気持になったり、悲しい気持ちになったりすることを伝えましょう。

頭ごなしに叱ると、かえって面白がってしまうかもしれません。反抗期の場合も同じように伝えますが、その時期を過ぎてしまえば、本人はあまり覚えていません。成長の時期と考えて、やり過ごすのが得策かもしれません。

私たちは言葉という、とても便利なコミュニケーションツールをもっています。でもこの言葉が心のすべてを正直に表しているとは限りません。

大人だって嘘もつく、お世辞を言うときもあります。

語彙の少ない子どもであれば、心の悲しさを上手に表現できずに、わざと人がいやがる言葉を発していることも多くあるでしょう。

発達障がいの特徴をもつ子で、人とのかかわりが非常に不安で、怖がっている子がいます。そばに人が来ると、「お前なんか嫌いだ、出ていけ、死ね」などという言葉を連発します。知らない人からその子を見れば、なんてしつけのできていないひどい子どもと感じるかもしれません。

でも彼の特性を知っていれば、知らない人がそばに来ることが怖くてたまらないのだろうと考えることができます。その気持ちを想像して「つらいね。いやなんだね」と伝えることができます。

ですから言葉というのは、人が表現することの一部であると知りましょう。目や顔の表情や体の動きからもその子が表していることを感じましょう。

子育てで迷ったとき

いろいろな場面で、子どもにどうかかわったらいいか、と迷うときがあります。そんなときは、いま混乱の中にいる目の前にいる子どもに自分がなってみてください。

あなたも私もどの人も、みんな子どもの時代を過ぎていまここに存在しています。

思い出してみてください。子ども時代の気持ちを。不安がいっぱいのときがあったでしょう。涙が止まらないときもあったでしょう。

子どもの姿は、私たちの過去の姿です。時代がいくら変わっても、人の心に大きな変化はありません。

親として「こうしてほしい」「こうなってほしい」という気持ちはちょっと隣

においてください。自分が子どもの年齢のとき、いまの場面ではどのように感じるでしょうか。今の状況の、目の前にいるこの子になってみてください。

親や大人にどのようにしてほしかったか考えます。どんな言葉をかけてほしかったですか。黙って抱きしめてほしかったですか。ほうっておいてほしかったですか。自分だったらと考えてみます。

きっとよいかかわり方が見えてきます。少なくても大人が自分の気持ちを理解しようとしてくれていることが子どもに伝われば、子どもは心を開くことや、心を立て直すことができます。

誰の望みですか

お友達と仲良くしてほしい。元気ではきはきしていて、誰にでも好かれて、賢くて、かわいくて、素直で……。

自分の子に、そんな子でいてほしいと願わない親はいないかもしれません。

幼稚園で、公園で、お友達の中に入って、みんなと仲良く元気に楽しそうに遊んでいる姿。これを望んでいるのは誰なのでしょう。

もしかしたら子どもはお友達と遊ぶよりも、ひとりでブランコに乗るほうが楽しいかもしれません。砂場で深く穴を掘るほうがやりたいことかもしれません。

私も、わが子が幼稚園に通っているころに、迎えに行くとお友達とは遊ばないでいつも絵本ばかり見ているので、「何でみんなと遊ばないの」と尋ねたことがあります。そしたらわが子は「僕は本を見るほうが好きだから」というのです。なるほどと納得しました。

私自身もあまり気の合わない方とランチに行くより、ひとりで過ごすほうが好きです。子どもだからといって、お友達の中で元気に遊ぶことが一番楽しいとは限らないという、あたりまえのことに気づかされたのです。

子どもの年齢や性格、その時々の状況でやりたいことも好きなことも変化します。

いまはブランコが一番好き、いまは本を見るのが一番好き、でいいのです。子どもが元気に楽しく遊んでいる姿を見たいというのは、子どもの望みではなくて、親の望みであることに気づいてください。そして、いまの子どもの一番を大切にしてあげたらいいと思います。

そのままのあなたが大好きだよ

誰にでも好かれるいい子に育ってほしいという思いは、親ならば誰もが思うことでしょう。

かわいくて、利発で、元気でいてもらいたいという理想の子どもを誰もが描いています。でも、どの子も親の望む存在でありたいと思っていてもそのように育つとは限りません。

子どもは子どもの人生を、ひとりで歩まなければならないからです。

特に障がいのある子どもであれば、ほかの子どもと同じような道筋で育つことは難しいことです。

体に不自由がある。感覚に不自由がある。心に過敏なものをもっている。私たちが想像はしても、体験できない不自由さをもっています。

それを考えると、この子を授かって生まれるまで、生まれてから抱いていた「理想の子ども」を心の中から排除しなければいけません。そうしないと、いろいろな困難を抱えている目の前のわが子を、受け入れることはできません。

子どもを理想に近づけようとすることに心を奪われていると、本当の子どもの姿が見えなくなります。障がいがあることも含めて、子どものすべてを受け入れることで、子どもとの愛着関係を築くことができます。

「理想の子ども」を追い続けている間は、障がいのある子どもを認めていないということになるでしょう。

親に認められない子どもの心は、いつも満たされない思いと、親に対して申し訳ない思いでいっぱいです。

どんな子も親に認められ「そのままのあなたが大好きだよ」のメッセージを受け取れるようにしてください。

子どもの命を守るということ

親であれば、何よりも守りたいものは子どもの命であることはあたりまえのことです。

ここで命というのは細胞のことをいいます。

人の体は60兆からの細胞の集まりでできているといわれています。目に見えない、小さな細胞が集まって私たちの体はできています。

この細胞は喜びを感じれば活性化し、いやなことや悲しいことがあれば傷つくといわれています。

怒られたり、いやなことを言われたりすれば子どもの細胞は弱まり傷つきます。ましてや叩かれたり、無視されたりすれば、多くの細胞を痛めることになるでしょう。脳自体に傷をつくるという報告も聞いています。

体にできた傷は誰の目にも見てわかります。そして人を傷つければ、それは犯罪になります。しかし細胞を傷つけても、それは見ることはできないし、犯罪になりません。でもその傷は、体の傷よりももっと深く傷ついて、治すことは容易ではありません。

何も語らないで、どうせわからないといわれる子どもたちの心が、どんなに繊細で傷つきやすいかを想像して、言葉や態度に気を付けてほしいと思います。

子どもの命である細胞を傷つけないかかわりをしなければなりません。子どもにはいつもやさしいまなざしを向けて、やさしい言葉で語りかけ、寄り添ってください。

すべての子に愛を

待って、待って、待ち望んで授かった子も
思いがけずに舞い降りてきた子も
体が上手に動かないまま生を受けてやってきた子も
言葉を忘れてきた子も
人とかかわることがとても苦手に生まれた子も
どの子も平等に大切な命をたったひとつだけ授かりました。
宇宙の大きな愛に包まれてここにやってきました。
一人ひとりに輝く人生を送る道が準備されています。
その道を外さずに生きていけるかは、
人生の先輩として先を歩く私たちの
かかわりにかかっています。

愛されることを知っている子は
どんな困難をも乗り越えることができます。
どの子もあふれる愛で包まれますように。

おわりに

障がい児・者福祉サービス事業を行って、多くの保護者の方と子どもたちにお会いしてきました。その中で子どもは障がいがある子もない子も、子育てに対する向き合い方は同じだと感じています。

もちろん障がいがあればその対応は必要なのですが、「子どもをひとりの人として尊重してかかわること」と「親として伝えるべきことをしっかり伝えること」が、親となった人に課せられたことです。

多くの人が親となる可能性があるのにもかかわらず、「親とはどういうものか」という学びの時間をもたずに、ほとんどの人は親となります。

以前は大家族や近所付き合いの中で、親のあり方を教えてくれる人が身近にいました。いまは親になったが見習う人も教えてくれる人もいない中で、子育て本を頼りに手探りで子育てをする人が大半です。

赤ちゃんを抱くのは自分の子が初めてという人も珍しくないのではないでしょうか。いまの時代には、「親学」という学問がそのほかの学習よりも大切なのではないかと思っています。

この本は、あなたが子どもをどのように変えるかではなく、あなたが子どもの心に共感し、どのように理解して育てたら、あなたとお子さんが幸福な人生を歩むことができるか、を書き進めました。

幸福な人生とは障がいがあること、障がいがないことに関係ないと私は思っています。

「あかり」の支援はこれまでの「面倒をみる」という支援ではなくて、「どの人も成長したいと願っている」という思いと、障がいがあっても「感じる心は他の人と何も変わるところはない」という考えを根底に置いています。

障がいのある人に訓練や努力を課すのではなく、私たちの工夫と創造が彼らの「できる」「わかる」に通じることを固く信じて、人として尊重し、各人の年齢に即した支援を、どの施設も行っています。

その結果、利用してくださる彼らの瞳が輝き、顔を上げ、自信のあるいきいきとした姿に変化してきます。このいきいきとした彼らの姿を見たい、そしてより多くの障がいのある人にこうした場を提供したいという思いで日々過ごしています。

私は、長男に障がいがあったおかげで、彼を育てている時間に大勢の人との出会いと、多くの経験をしてきました。そして母親として、人として、生きることについて、彼からすべてを学んだと思っています。

残念ながら23歳でこの世を去ってしまった長男ですが、彼が小さかったころに「こうであったらよかったのに」とか「彼が働くならこんな環境であってほしかった」などと考えることが、「よりよい支援とはどういうものか」の指針になっています。彼がいまも答えをくれるのです。

私が生きている間、彼も私の中で生きていると感じる日々です。

これからも彼に導きを求めながら、障がいのある人が自分自身に自信をもち、希望ある未来を描けるような支援を続けていけるように、舵を取っていきたいと思います。

一つひとつ「あかり」を灯しながら。

2019年5月

川岸恵子

あかり

どの人の上にも同じように
あかりを灯す。
やわらかくて穏やかなあかり。
出会ったときほっとして
心から良かったと思う。
ほのぼのとそばにある
そんなあかりを灯し続ける。
あかりの温かさを
いつもたたえて
あなたを包み込む。

◇著者プロフィール
川岸恵子（かわぎし・けいこ）
特定非営利活動法人あかり代表理事

1956年神奈川県横浜市生まれ。1978年、1985年、1988年に男児を授かる。1989年に埼玉県久喜市に移住。長男に障がいがあったため、地域の人々に障がいの認知を促進するための市民活動や特別支援学校での活動に力を注ぐ。その間に地域の中学校PTA会長、特別支援学校PTA会長を務める。

1996年地域の福祉ステーションとして「珈琲豆焙煎屋ポアポア」を開店。

2006年3月「特定非営利活動法人あかり」を設立。

現在、児童発達支援センター3か所・放課後等デイサービス12か所・就労支援事業所3か所など、28の施設を運営している。

著書に『君に導かれた日々』（けやき出版）、『「障がいをもつ子の育て方」がよくわかる本』（現代書林）、作詞制作したCDとして『みんなひとつになって』がある。

●特定非営利活動法人あかり
〒346-0014埼玉県久喜市吉羽1-32-24
電話0480-24-2060
https://akari2006.or.jp/

※本書は2011年に刊行した『「障がいをもつ子の育て方」がよくわかる本』の改訂新版です。

障《しょう》がいのある子《こ》を育《そだ》てるのが楽《らく》になる本《ほん》

2019年 6月19日　初版第1刷

著　者 ―――――― 川岸恵子《かわぎしけいこ》
発行者 ―――――― 坂本桂一
発行所 ―――――― 現代書林
〒162-0053　東京都新宿区原町3-61　桂ビル
TEL／代表　03(3205)8384
振替00140-7-42905
http://www.gendaishorin.co.jp/
カバーデザイン ―――― 福田和雄(FUKUDA DESIGN)
カバーイラスト(表4) ―― 山口義則
本文デザイン ―――― 小口翔平
本文イラスト ―――― よしとみあさみ

印刷・製本：広研印刷(株)
乱丁・落丁本はお取り替えいたします。
定価はカバーに表示してあります。

ISBN978-4-7745-1781-0 C0037